たくさん書けて楽しく学べる！

小学 1・2・3 年生の 漢字(かんじ) クロスワード & パズル

青山由紀 監修

永岡書店

おうちの方へ

　1年生は漢字の学習が大好きです。漢字が書けるようになると「一人前の小学生になった」と喜びを感じるようです。しかし、学年が上がるにしたがい、「漢字が苦手」「覚えるのが大変」という子どもが増えてきます。これは、新出漢字が増えるだけでなく、同じ字をひたすら書き続けるだけの単調な方法に飽きてしまうからです。とは言っても、書かずに正しく覚えることなどできません。

　本書は、「漢字を楽しく身につけて欲しい」という願いから生まれました。クロスワードやパズルを解きながら、知らず知らずのうちに多くの漢字を書き、覚えられるように作られています。また、漢字は一つひとつが意味をもった文字です。クロスワードのヒント文や文章の中での使い方から、文字の意味を理解することができます。文字の意味を理解し、語彙を増やすことは、正しく覚えることにつながります。加えて、様々な問い方の文章を読むことで、読解力も身につきます。

　パズルは問題を解くだけでなく、これを真似て自分でも問題を作ることもできます。問題を出題し合うことで、遊びながら漢字の定着をはかることができるのです。

　本書を手にした子どもたちが、楽しみながら漢字や語彙を身につけ、豊かな言語生活を送ることを願っています。

筑波大学附属小学校教諭

青山　由紀

本書は、クロスワードと漢字の書き取りを融合させ、問題を読み取る「読解力」、答えを考える「思考力」、ヒントをもとに解答を導き出す「想像力」に加えて、「漢字力」を養い、楽しく学習できる内容になっています。

■ レベルは★～★★★の3段階で、1年生～3年生の学習漢字を使った問題になっています。

■ できた問題を塗りつぶすことで達成度もわかり、目標の設定やる気の促進に効果的です。

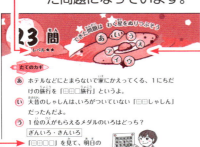

■ 漢字で書くマスとひらがなで書くマスを分けて表示し、わかりやすく解けるようになっています。

■ 問題形式や問い方はさまざまで、その場に応じた読解力が身につきます。

クロスワードをといてみよう！

左ページの問題を読んで、答えを右ページのマスに1文字ずつ書いていこう！

① 答えは、それぞれの記号が書かれたカギマークのところから、たてのカギは上から下へ、よこのカギは左から右へ書くよ。

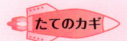 あ 日本のでんとうてきな服を何という？

 ア いろいろなどうぶつがいて、見たりさわったりすることができる場所だよ。

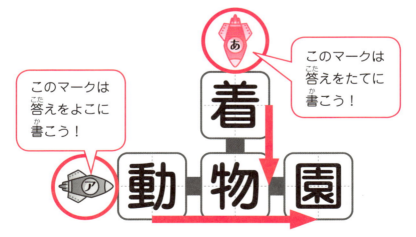

★ 上の問題の場合、たてのカギは「和服」とも答えられるけれど、よこのカギの答え「動物園」と合わせて考えるんだよ。

② 答えはマスによって、漢字とひらがなに分けて書くよ。
　　⊞⊞→このマスには、漢字で書こう。
　　□□→このマスには、ひらがなで書こう。
　れい）外から帰ったら、⊞□□をよくあわ立てて、きれいに手をあ
　　　　らおう。　　　　答え：石けん
※ 漢字で書くのは、レベル★は1年生、レベル★★は1・2年生、
　レベル★★★は1〜3年生で習ったものだけです。

③ マスは、■でつながったマス同士だけをつなげて読むよ。

この本で使うマーク

レベル★	1年生の漢字
レベル★★	2年生の漢字
レベル★★★	3年生の漢字

　答えはたてに書くよ。

　答えはよこに書くよ。

答えを書くマスの目印だよ。
このマークの向きに合わせて
答えを書きこもう。漢字とひ
らがなに気をつけてね！

できた問題と同じわく星を
ぬりつぶそう！

問題は、レベル★〜★★★まであるよ。出題される漢字がどんどんむずかしくなっていくから、とき方のコツをおぼえよう！

たてのカギ
- あ 4まいのはっぱのこと。「□□□□のクローバー」などというね。
- い せが高いことを表すことばだよ。

よこのカギ
- ア 雨の日は、これをはいて外出しよう。
- イ たまごをわったとき、色のついている部分を何というかな？

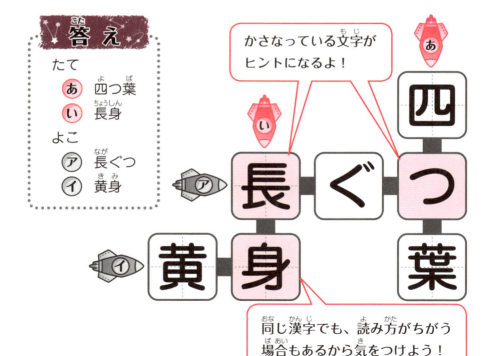

答え
たて
- あ 四つ葉
- い 長身

よこ
- ア 長ぐつ
- イ 黄身

①たてのカギとよこのカギの答えを書くマスをまちがえないように気をつけよう！

②できない問題はとばして、次に進もう！他の問題をとくことで、答えにつながるヒントが出てくることもあるよ。

③問題をといたら、答えページのかいせつを読んで、もっと深く学習しようね！

さあ、いっしょに漢字のせかいに飛び出そう！

クロスワードをといてみよう！……4

問題
レベル★……8　レベル★★……36　レベル★★★……68

やってみよう！
漢字めいろ……………………12　　なかま集め………………18
数の数え方……………………24　　画数パズル………………30
ばらばら漢字…………………42　　画数めいろ………………48
なかま外れ漢字………………54　　漢字さがしパズル………60
漢字リレー……………………66　　ばらばら漢字(2)…………74
漢字リレー(2)…………………80　　漢字のことばパズル……86
なかま漢字……………………92　　まちがい漢字……………98
かくれた文字は？……………99

答えとかいせつ………100
漢字リスト＆ミニドリル…123

1問 レベル★ 漢字練習

1問目は、予習のページだよ。2問〜14問に出てくる漢字を練習しよう。

●絵に合う漢字を下からえらんで、□に書こう。

田 竹 川 月 虫

本 空 花 木 犬 石

2問 レベル★

できた問題は わく星をぬりつぶそう

🚀 たてのカギ

あ 春に、おべんとうなどを持ってさくらのはなをみにいく行事を何というかな？

い かわの水が流れてくる方向を「かわかみ」というね。では、かわの水が流れていく方向のことは？

う あしたは晴れるかな？ ☐☐よほうで調べよう。

🚀 よこのカギ

ア 夜空に流れるかわのようにみえる星の集まりを何というかな？ 七夕の夜に、ひこぼしとおりひめが会うというでんせつがある場所だよ。

イ まじめで、しんけんなきもちだよ。「☐☐を出す」のように使うね。

ウ 前もってみにいって調べることだよ。「あらかじめキャンプ場を☐☐しておこう。」

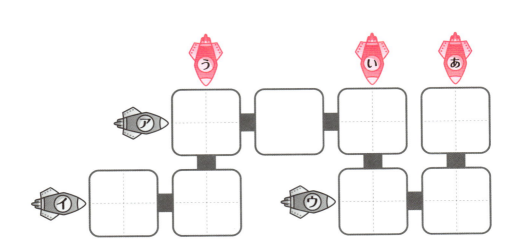

3問 漢字めいろ

レベル★

●一から十までじゅんばんに進もう！

さいごは「十」と書いてね。

スタート ↓				
一	二	三	四	五
二	四	四	七	六
三	六	五	六	五
四	七	八	七	九
五	六	九	八	九

ゴール

スタート ●正しい書きじゅんのほうに進もう！

ゴール

4問 レベル★

できた問題は わく星をぬりつぶそう

たてのカギ

あ 勇気がない人は「よわむし」。では、ないてばかりいる人のことを何という？

い よく晴れてまっさおなそらのことだよ。「まっさお」がどんな色を表すか、考えてみよう。

う 夜になって太陽がしずむ前に、そらが赤くなることを、こういうね。

よこのカギ

ア チョウやガのようちゅうで、あおい色をしているむしを何という？

イ 日がくれるころのそらを、「□□」というよ。

ウ 走ることを、別の言い方でいうと？
物事を大急ぎでやったり、あわただしく行う様子にも使う言葉だよ。

5問 レベル★

できた問題は わく星をぬりつぶそう

🚀 たてのカギ

あ 発表会などで、自分たちがでるじゅんばんになることだね。「ぼくたちの□□□だ。」のように使うよ。

い モグラがくらしているのは、みずのなか？ それとも、つちのなか？

う 「がっぴ」「つきひ」、どちらも同じ漢字を書くね。

🚀 よこのカギ

ア 「おおみそか」「がんたん」「さんがにち」、これにかんけいする行事は何かな？ 一年のいちばんはじめだよ。

イ 朝になって、太陽がのぼることを、こういうよ。

ウ 魚などのたくさんの海の生き物が見られる場所はどこかな？ 海の生き物の「動物園」のようなところだね。

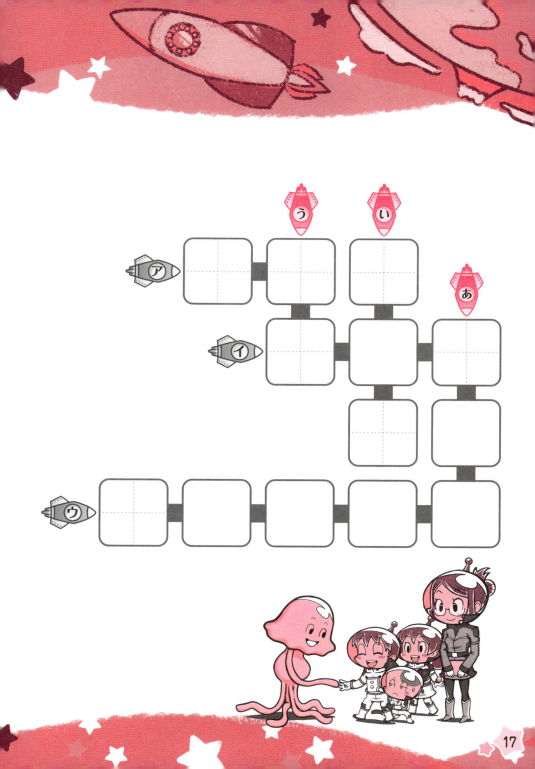

●曜日の漢字を集めよう！

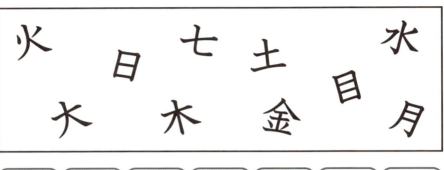

●色の漢字を集めよう！

●数の漢字を集めよう！

●体の漢字をえらんで書こう！

耳　見　中　口
左　目　手　足

7問 レベル★

たてのカギ

- **あ** 家などがたちならんでいる様子。「むかしながらの□□□。」のように使うよ。
- **い** 「1031」を漢字で書けるかな？
- **う** ひにちを表す「なのか」は、漢字でこう書くよ。ひにちのときは、「ななにち」とは読まないね。

よこのカギ

- **ア** 病気やけがをした人が早くよくなるように、おりがみでおるつるを、「□□づる」というね。すごくたくさんの数のつるをつなげて作るよ。
- **イ** 子どもが元気に育つことをねがって、7才と5才と3才のときに行う行事だよ。ヒントはこの年齢！
- **ウ** 何かをしているときに、すこしきゅうけいすることだよ。

8問 レベル★

できた問題は わく星をぬりつぶそう

たてのカギ

あ 十五夜にする行事を何というかな？ すすきをかざったり、おだんごをそなえたりするよ。

い きょうは「すいようび」。では、きのうは何ようび？

う おねえちゃんは2才とし上です。わたしが1ねんせいなら、おねえちゃんは何ねんせい？

よこのカギ

ア 夏の夜空にどかーんと打ち上げるものは何かな？

イ 右の絵のような、弓みたいな形のつきを何という？

ウ 「しょうがくせい」「ちゅうがくせい」「だいがくせい」。3つを漢字で書いたときに共通する部分は「☐☐」だね。

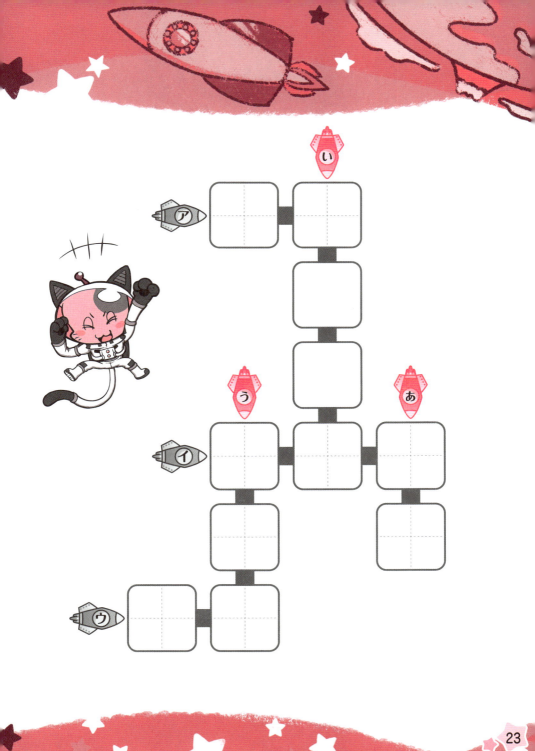

9問 数の数え方
レベル★

●いくつあるか数えて、□に漢字で書こう！ □□には、（れい）のように、数え方をひらがなで書くよ。

（れい）けしゴム 八こ

子ども

色えんぴつ

おりがみ

図かん

●つぎの数字を漢字で書こう！

9かい ＝ ☐ かい

5年2くみ ＝ ☐ 年 ☐ くみ

●絵の中にかくれている動物の数を数えよう！

ねこ ☐☐☐

かえる ☐☐☐

てんとうむし ☐☐☐

10問 レベル★

できた問題は わく星をぬりつぶそう

たてのカギ

あ うらしまたろうの物語で、たろうがもらったのは何？　これを開けたら、おじいさんになってしまったよ。

い ライオンはすごく強いのでこうよばれるよ。「たくさんの動物のおうさま」という意味だね。

う 「はたち」は、☐☐才のことだね。

よこのカギ

ア 1えんだま・50えんだま・100えんだまのうち、かちがいちばん高いのはどれ？

イ 右の絵を見て答えよう。この時計が指しているのは、何じかな？

ウ 「じょし」は「おんなのこ」という意味だね。では、「だんし」は？

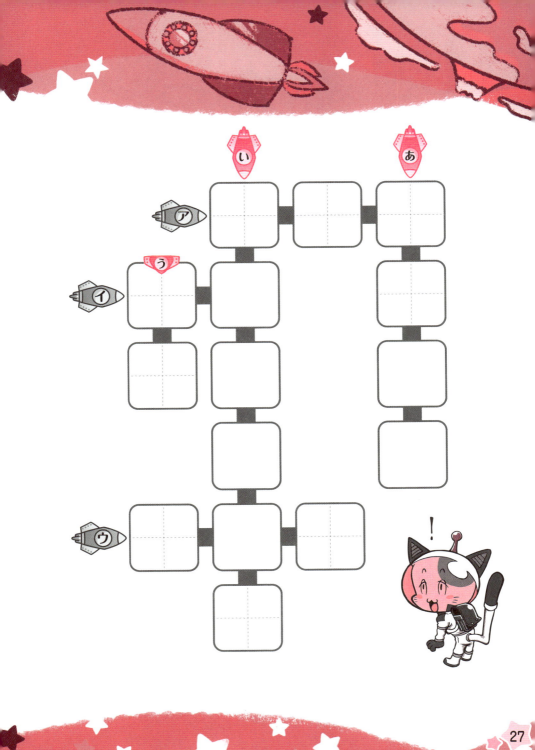

11問 レベル★

できた問題は わく星をぬりつぶそう

🚀 たてのカギ

- **あ** まだ大人ではない、こどものイヌだよ。
- **い** つめたいいしでも、そのうえに3ねんもすわっていればあたたかくなるということから、がまん強くやればかならずせいこうするという意味のことわざだよ。
- **う** 右の絵の料理は、「□□やき」だね。

🚀 よこのカギ

- **ア** 自分より年うえの人を「□□の人」というよ。
- **イ** いきなりふり出して、すぐにやむあめを何という？
- **ウ** 「ふたご」より、ひとり多いのは？

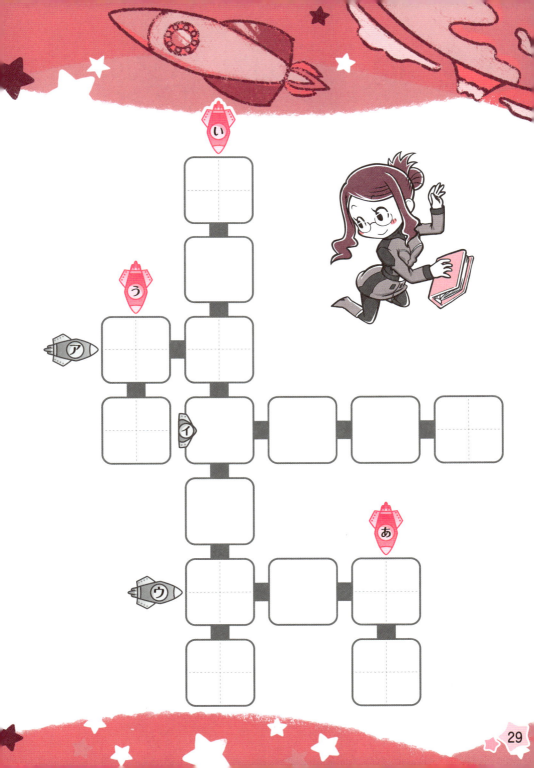

12問 画数パズル
レベル★

●つぎの漢字は何回で書くかを数えて、その数に合うマスに書きこもう！ ひとつだけうまらないマスはどれかな？

　（れい）下…一 → 丨 → 、の「3回」

円	雨	校	村
女	草	百	出

左の漢字からえらんでね。

3回	5回	8回
10回	9回	7回
12回	4回	6回

● とてもめずらしい虫を発見したぞ！ 「虫」とおなじ画数の漢字をたどってつかまえに行こう。さがしている虫は、どれかな？

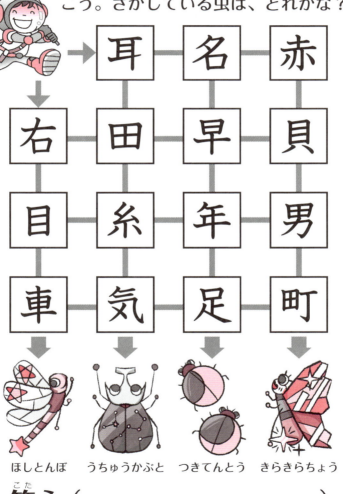

答え（　　　　　　　　　　　）

13問 レベル★

たてのカギ

- あ　その場所にはいることだよ。「□□□□きんし」のように使うね。
- い　たけから作る、昔のおもちゃだよ。てのひらで回して、とばして遊ぶよ。
- う　日本のもじのしゅるいには、ひらがなとカタカナと、これがあるね。

よこのカギ

- ア　この人は、重たいものでも、軽がると持ち上げられるよ。どんな人かな？
- イ　庭などに生えたくさをぬいて、きれいにすることだよ。
- ウ　お米をとるために、いねを植えるところだよ。どろどろで、カエルや虫などがたくさんいるね。

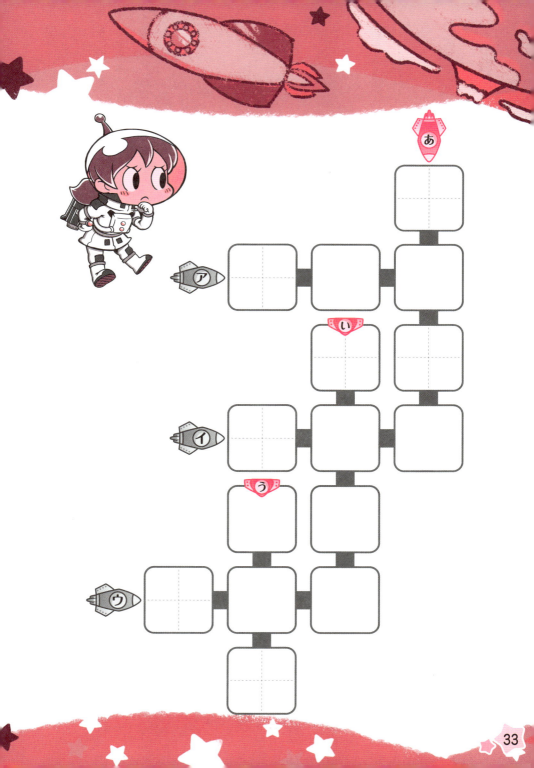

14問 レベル★

できた問題は わく星をぬりつぶそう

たてのカギ

- あ 月ようびから数えて、4ばんめのようびをこうよぶね。
- い 「あかちゃん」のことを、ちがう言い方でいうと？
- う かんじやひらがな、カタカナのほかにも、世界にはたくさんのしゅるいがあるよ。

よこのカギ

- ア 「銀メダル」は、そのきょうぎの中で何ばんめの選手がもらえるのかな？
- イ いろいろなしゅるいのきがまざって生えているはやしを、「□□□□」というよ。
- ウ 物語など、いくつかのぶんでできているもののことだよ。

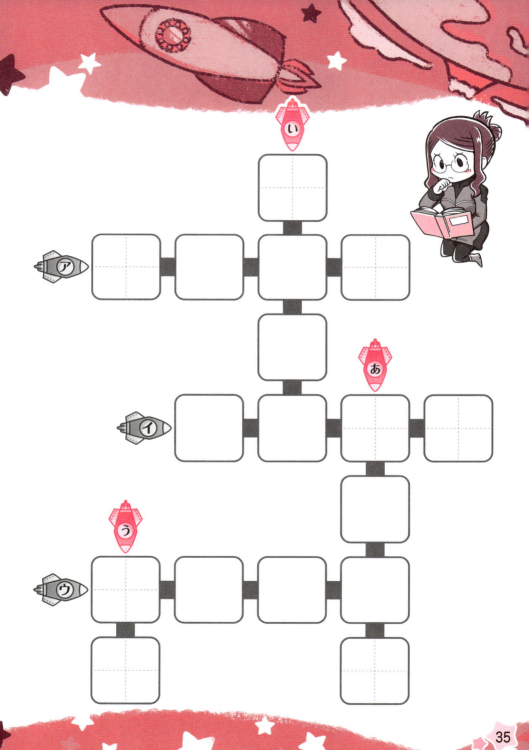

15問 漢字練習

レベル★★

ここから30問目までは、2年生で習う漢字の問題だよ。まずはここで力だめし！

● ばらばらになった漢字を、組み合わせて元にもどそう。

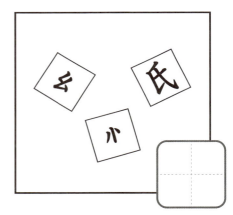

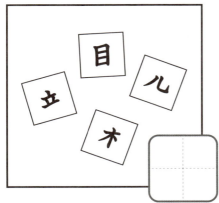

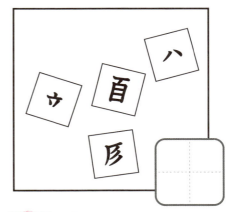

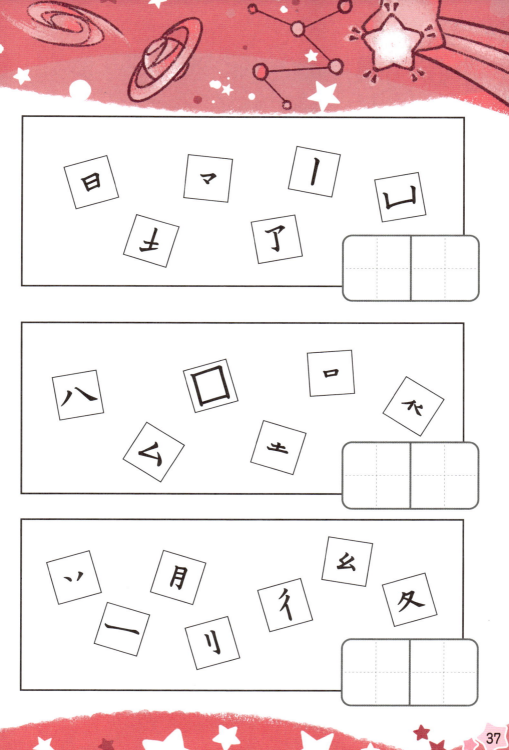

16問 レベル★★

できた問題は わく星をぬりつぶそう

あ い う
ア イ ウ エ

🚀 たてのカギ

あ つぎの文の――線「そこ」はどこ？ 漢字で書こう。

> アメリカから来た少女が、のはらで馬にのっている。そこはとても美しいところだ。

い かんむりどろぼうに、かんむりをうばわれて、「早化」になっちゃった。もとのことばを漢字で書こう。2つとも同じかんむりだよ。

う □□□□にあてはまるのは？

> しょうがくせい→ちゅうがくせい→こうこうせい→□□□□

🚀 よこのカギ

ア おおきなこえのこと。反対の意味のことばは「こごえ」だよ。

イ 右のカードがぬれてしまったよ。何と書いてあったかわかるかな？

ウ 「そうげん」と「くさはら」の2つの読み方があるよ。

エ 右の絵は何かな？

> いけばな・さしばな

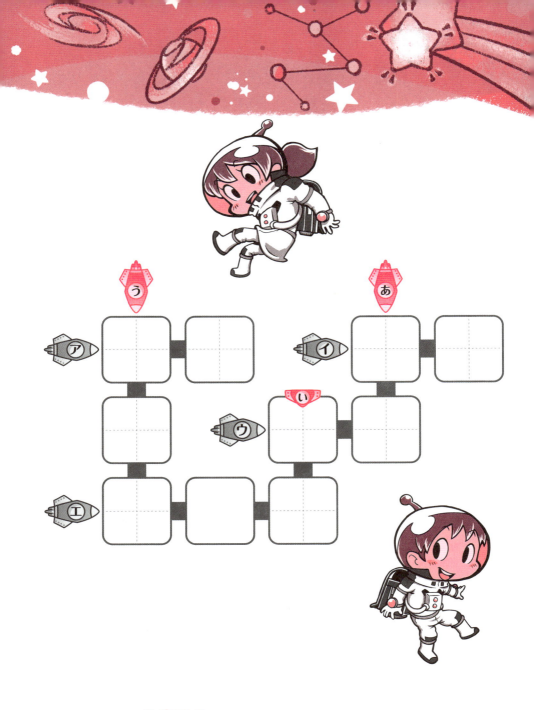

17問 レベル★★

たてのカギ

- あ 絵本をかく人のことを「絵本□□」というよ。
- い おかし□□へ行って、おかしができる様子を見学したよ。
- う あることをするために、前もって方法やじゅんばんを考えることだよ。「旅行の□□を立てる。」
- え 学校の中で、本がたくさんある部屋は？

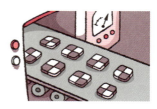

よこのカギ

- ア 「ずこう」は「□□□□」を短くしてできたことばだよ。
- イ 夏休みに本をよんで「□□感想文」をかいたかな？
- ウ つぎからえらんで、漢字でかいてね。学校でじゅぎょうをうける部屋だよ。

ほけんしつ・こうちょうしつ・きょうしつ

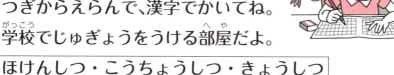

18問 ばらばら漢字

レベル★★

●ばらばらになった漢字を元の形にもどそう！

 と で、□

 と で、□

 と で、□

 と で、□

 と と で、□

 と と で、□

●いたずらずきの「ようかい かんむりとりかえ」があらわれた！　とりかえられちゃった漢字(かんじ)を元(もと)にもどそう！

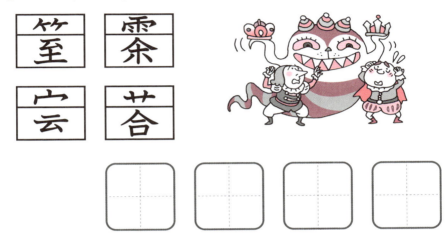

●友達(ともだち)とのやくそくが書(か)かれたメモを、ねこがびりびりにしちゃったよ。やくそくはいつだったのかな？

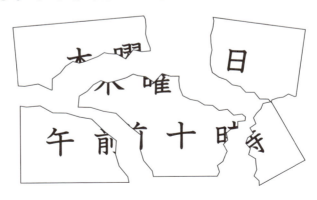

〔　　　　　　　　　　　　　　　　　　　　　　　〕

19問 レベル★★

できた問題は わく星をぬりつぶそう
あ・い・う
ア・イ・ウ・エ

🚀 たてのカギ

- **あ** 右の絵は何をしているのかな？人に何かをたのんだり、あやまったりするときの動作だよ。
- **い** 「☐☐が器用」な人は、工作などが得意だね。
- **う** こまっている人に☐☐にしよう。

🚀 よこのカギ

- **ア** ほかの動物とはちがって、コウテイペンギンは、☐☐がたまごをあたためるんだよ。　ちちおや・ははおや
- **イ** てがみなどを送るとき、ふうとうにはるものは？
- **ウ** いちばん前のこと。「列の☐☐」のように使うね。
- **エ** 動物園まで行く予定だったのに、公園前駅でおりたよ。何をしたのかな？

さくらがおか → 平和広場 → 公園前 → 動物園

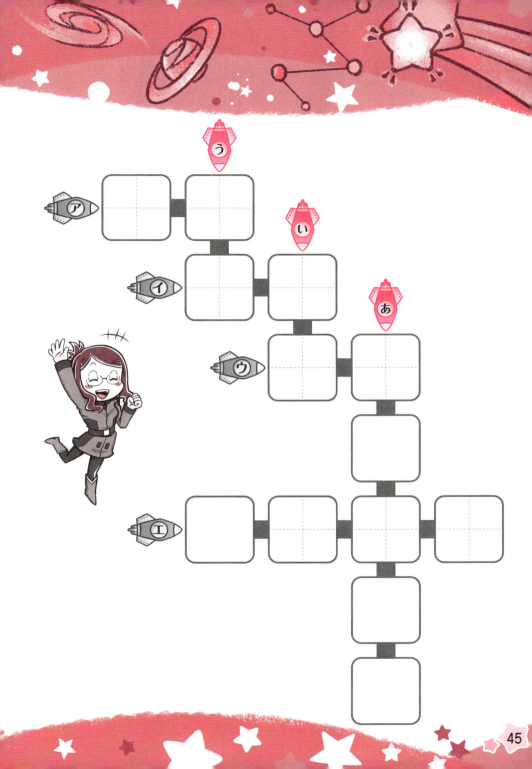

レベル★★ 20問

できた問題は わく星をぬりつぶそう

たてのカギ

あ 英語では「birthday（バースデー）」。日本語では何という？ 「ハッピーバースデー」を言うときだね。

い 友だちよりも早く行かなくちゃ！ ひみつの近道を通って「□□□」だ！

う ごぼうの形はだいこんにくらべると「□□□」ね。

え ブランコ・すべり台・すな場などがあるところは？

よこのカギ

ア ことわざに「うそから□□まこと」「身から□□さび」があるよ。知っているかな？

イ ようちえん全体をまとめる立場のせんせいを何とよぶ？

ウ 「強い」の反対の意味を表すことばは？

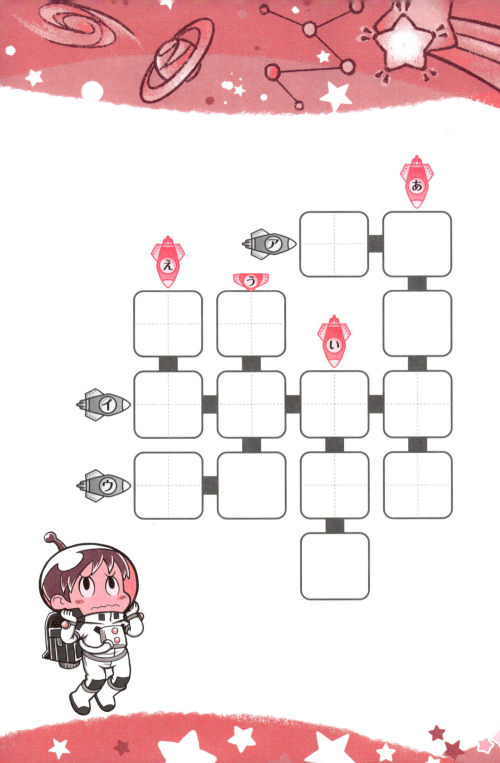

21問 画数めいろ
レベル★★

●たてかよこのマスで、画数が多いほうへ進もう！

スタート ↓

同	直	知	昼	雪
売	海	紙	理	黄
家	点	高	道	電
理	晴	新	番	鳴
買	読	聞	楽	顔

● 同じ画数のほうへ進もう！　出口にいるのは、どの動物？

答え（　　　　　　）

22問 レベル★★

できた問題は わく星をぬりつぶそう
あ・い・う
ア・イ・ウ・エ

🚀 たてのカギ

あ つぎの文の□□にあてはまることばは？
「おおなわとびで、とべた□□をかぞえる。」

い 右の絵のものは「□□ブロック」。目が不自由な人のためのものだよ。

う はるの7つの植物「セリ・ナズナ・ゴギョウ・ハコベラ・ホトケノザ・スズナ・スズシロ」のことだよ。

🚀 よこのカギ

ア これ何だ？ 「ダンスがすんだ」「まさかさかさま」「わたしまけましたわ」。ことばあそびだよ。

イ つぎの文の□□にあてはまることばは？
「テストの□□を友だちとくらべる。」

ウ あるかんじににていることから、右の絵のしせいを「□□□□」というよ。

エ 途中でよりみちすることを何という？

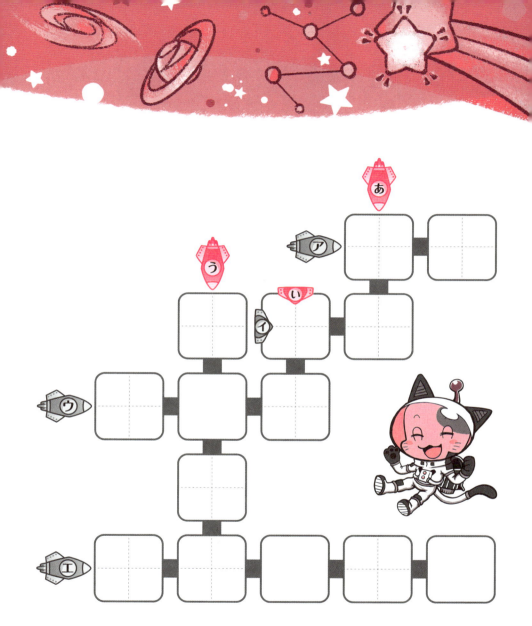

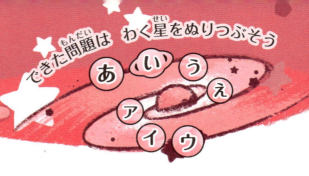

たてのカギ

- あ ホテルなどにとまらないで家にかえってくる、1にちだけの旅行を「☐☐☐旅行」というよ。
- い 大昔のしゃしんは、いろがついていない「☐☐しゃしん」だったんだよ。
- う 1位の人がもらえるメダルのいろはどっち？
  　ぎんいろ・きんいろ
- え 「☐☐☐☐」を見て、明日の学校の用意をするんだね。

よこのカギ

- ア 5月の「☐☐☐」に、おかあさんにカーネーションをおくって、ありがとうの気持ちをつたえよう。
- イ 「じかんはおかねのようにとても大切なものだからむだにするな」という意味のことわざだよ。
- ウ はだのいろがしろいこと。反対の意味のことばは「いろぐろ」。

24問 なかま外れ漢字

レベル ★★

●なかま外れの漢字をさがして書こう！

| 妹 | 兄 | 友 | 弟 | 姉 | | |

| 南 | 内 | 東 | 北 | 西 | | |

| 夏 | 春 | 秋 | 森 | 冬 | | |

| 一 | 丸 | 十 | 百 | 千 | 万 | |

| 虫 | 鳥 | 犬 | 人 | 船 | 馬 | 牛 |

漢字の意味を考えてみよう！

●下の表から読みかたのなかま外れをさがして、同じ数字のところに書き入れよう！

①	園	千	円	遠	木
②	犬	点	天	店	午
③	気	汽	立	記	工
④	五	歩	後	語	生
⑤	当	校	公	交	
⑥	少	鳥	正	小	

① □ りのみちも 一 ④ □ から

② □ も ④ □ けば ぼうに ⑤ □ たる

③ □ つ ⑥ □ あとを にごさず

3つの「ことわざ」ができますね。

25問 レベル★★

できた問題は わく星をぬりつぶそう

🚀 たてのカギ

あ 兄のゆめは、ゲームを作る☐☐ではたらくことだ。

い 下の絵で、ねこの「☐☐」にいるのは、犬だね。

う きょうはにちようび。では、ふつかあとは何ようび？

え 21にちかんを、「しゅう」ということばを使って言いかえてみよう。

🚀 よこのカギ

ア つぎのにっきは何について書いたものかな？

> ゆかたを着て行きました。犬が大きな音にびっくりしていました。はなが夜空にさいたようで、とてもきれいでした。

イ 7月よっかは、たなばたの何にちまえかな？

ウ 「ひと」をちがう言い方でいうと？

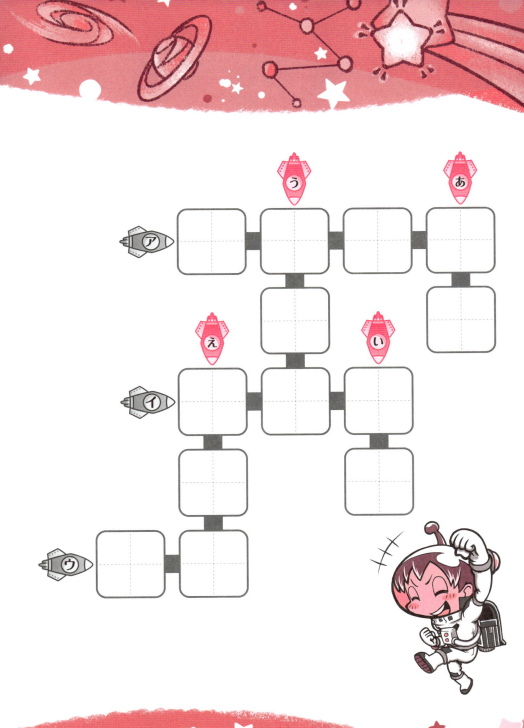

26問 レベル★★

できた問題は わく星をぬりつぶそう

たてのカギ

あ えをかくのに使う、あついかみはどっち？
　　がようし・おりがみ

い よくにたことばに「たつじん」があるよ。

う そのひのできごとを、えと文で書いたものを何というかな。

よこのカギ

ア 「火の□□」「□□ぶかい」「かぜをひかないように□□する」の、□□にあてはまることばは？

イ おばあちゃんは、いつもはがきにえの具で花などをかいています。今度、てんらん会もするそうです。
このおばあちゃんのしゅみは何かな？

ウ なまえを書くことだよ。
　　ちめい・きめい・しめい

エ 海の生き物「ジュゴン」を見まちがえたのが、□□だといわれているよ。

27問 漢字さがしパズル
レベル ★★

●おかしな漢字を見つけて、マスをぬりつぶそう！ ぬりつぶすと表の中に漢字が出てくるよ。

羽	原	合	帰	星	寺	戸
風	来	方	通	刀	算	角
強	明	才	顔	何	羊	毛
里	弓	線	組	思	毎	画
黒	光	麦	声	雲	科	行
升	首	母	岩	妹	今	夜

出てきた漢字

●たからものがあるところを書いておいたメモにあながた開いてしまった！漢字を元にもどそう。

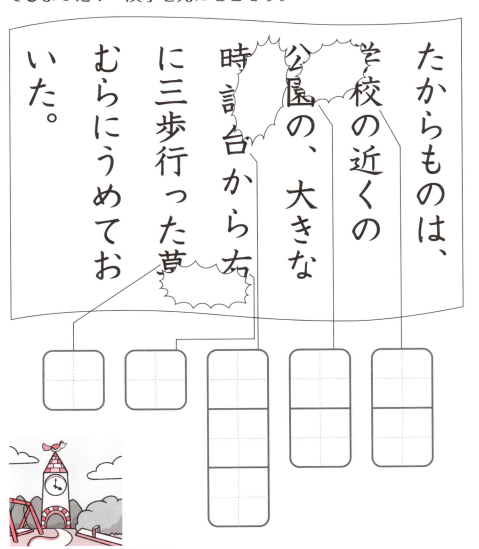

たからものは、学校の近くの公園の、大きな時計台から右に三歩行った草むらにうめておいた。

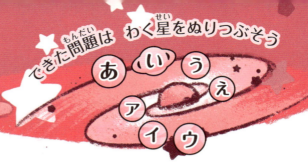

たてのカギ

あ 大きなケーキを食べたよ。のこりはちょうど「□□」だね。

い じかんを知りたいときには、どう聞けばいいのかな？「今、□□ですか？」

う 右の二つの図のうち、左は「しかっけい」。では、右は？

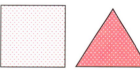

え がっこうから帰ったあとのこと。反対の意味のことばは「とうこう前」。

よこのカギ

ア じめんのしたのことだよ。ここに商店街があったり、鉄道が走っていたりするところもあるよ。

イ ごぜん１０じ３０ぷんから、５じかんあそんだよ。今のじかんは？

ウ まん丸じゃない、細長い丸のことだよ。

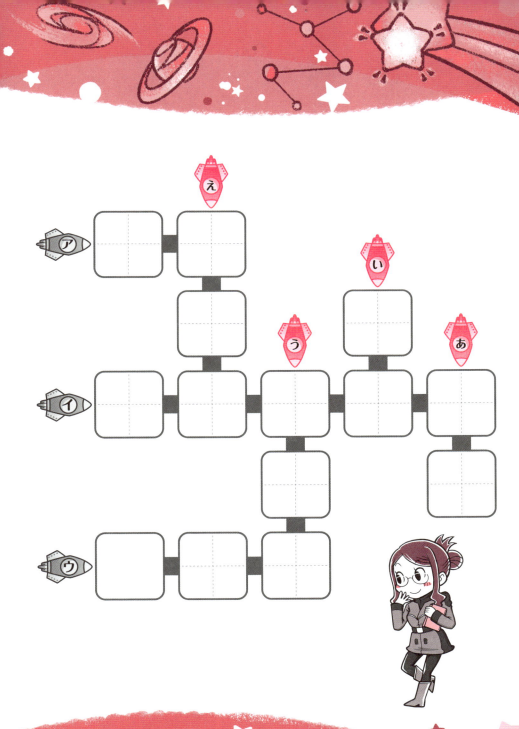

たてのカギ

あ つぎの文の☐☐☐☐☐☐にあてはまることばは何かな？

ぼくの家にホームステイしているボブは、にほんごを勉強するために、☐☐☐☐☐☐にかよっています。

い まんなかのことだよ。「円の☐☐」のように使うね。

う 社会や自然について勉強する科目のことだね。

よこのカギ

ア つぎの文の☐☐☐☐☐にあてはまることばは何かな？

「あなたの☐☐☐☐☐を教えてください。」
「はい。2008年8がつ13にちです。」

イ つぎの文の☐☐にあてはまることばは何かな？

これはうそではなく☐☐にあったお話なのです。

ウ 「こんにちは」は「ニーハオ」、「ありがとう」は「シェイシェイ」というよ。何ということばかな？

エ がっこうの入り口にあるものは？

さんもん・こうもん

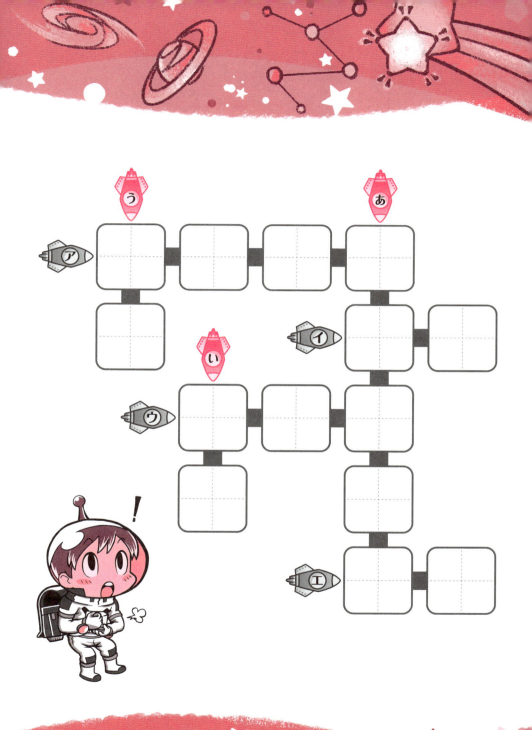

30問 漢字リレー
レベル★★

●同じ漢字を使って、漢字のリレーをしよう！ 矢印のつながっているところには、同じ漢字が入るよ。

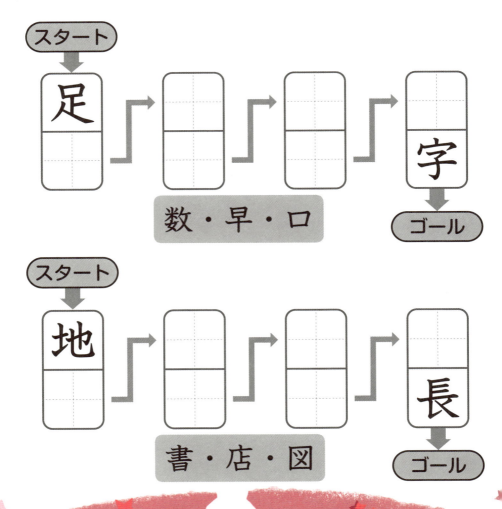

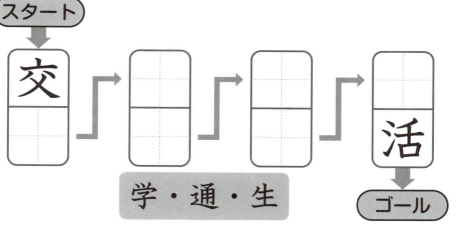

学・通・生

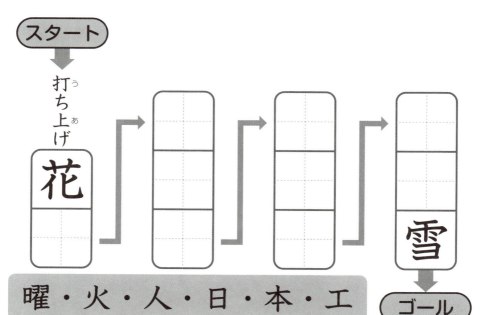

曜・火・人・日・本・工

31問 レベル★★★　漢字練習

ここからはいよいよ3年生の漢字の問題だ！

●弟が書いた日記がおいてあったよ。ひらがなばかりなので、漢字に直して（　）に書いてあげよう。

〔　　〕じてんしゃでころんで、ひざからちがでたので、〔　　〕くすりをぬりました。ぬったところは、〔　　〕せかいちずみたいなかたちになりました。

下の問題は、左の漢字からえらびましょう

```
息　笛　学　全　苦
列　力　整　見　運
　　　　会　動　速
```

きのうは（うんどうかい）があった。かけっこで、（せいれつ）してからふえが なるまで、ドキドキしていき が くるしかったけど、ぜんそく りょく で はしって、けんがくにきてくれた かぞくみんなにほめられたよ。

32問 レベル★★★

できた問題は わく星をぬりつぶそう

🚀 たてのカギ

- あ 「☐☐☐☐」を言わないと、ひみつ基地には入れないよ。
- い おばあちゃんが自分で書いたしをまとめて「☐☐」にしたんだって。
- う 「まくら」や「おち」があって、くまさんやはっつぁんが出てくるものは？
- え 「フルスピード」「いちもくさん」「まっしぐら」によくにた意味のことばだよ。

🚀 よこのカギ

- ア 「みんな、あつまれ！」を漢字四字にすると？
- イ 「君のふだんの☐☐を出せば、ゆうしょうできるよ。」☐☐にあてはまるのは？　でんりょく・じつりょく
- ウ 秋になると、木から取れておちてくるよ。赤や黄色など、きれいな色のじゅうたんみたいだね。
- エ 「フランスご」「スペインご」「タイご」など、日本ご以外のことばをまとめていうと？

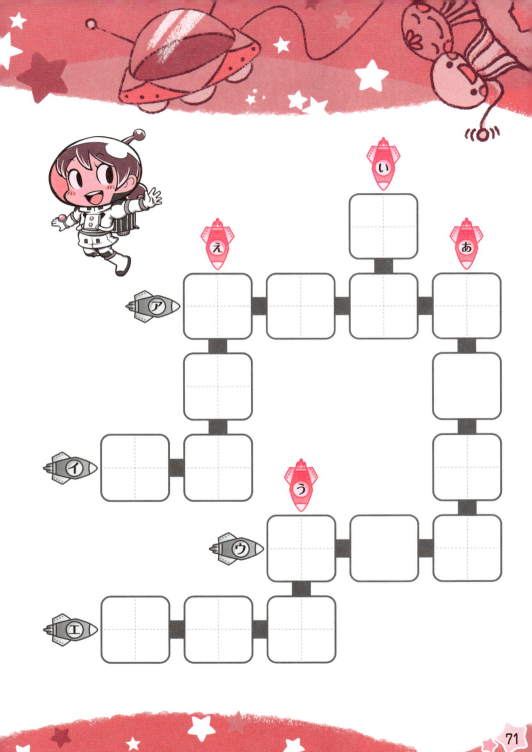

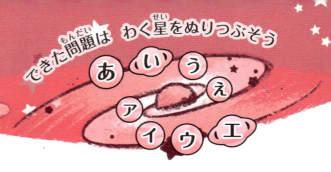

たてのカギ

あ 今にもこきゅうが止まってしまいそうな様子だよ。小さい生き物のこきゅうにたとえているね。

い 体の一部を表す漢字を使ったことばだよ。「子どもがほめられてお父さんも□□□□よ。」

う 「ほとけの顔も□□」。いつまでもやさしくはしていられないということだね。

え じれったくていらいらすることをたとえたことばだよ。右の絵をヒントにして考えよう。

よこのカギ

ア 同じことがくりかえし起こりやすいこと。「□□あることは3どあるから気をつけてね。」

イ 「□□をあらくする」で、いきごんでいること。

ウ 「これをえらぶとはなかなか□□□□ね。」と使うよ。

エ 野菜などがきれいに生長するように、使うくすりだよ。かんきょうや人の体にあまりよくないものも多いね。

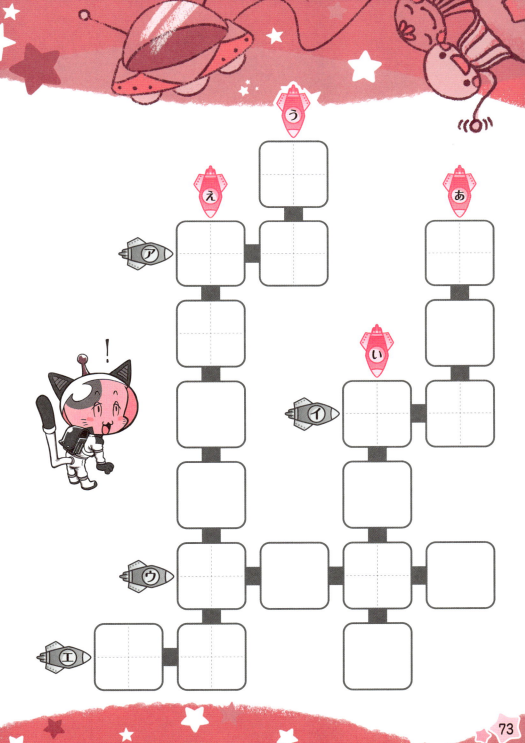

34問 ばらばら漢字(2)

レベル★★★

●ゆきちゃんは漢字をばらばらにしておぼえているよ。どの字をおぼえているのかな？

① 田んぼを火でやいて、かわかした場所。

② 竹を使って自由に音を鳴らす道具。

③ 里いもを、千こ持っていくよ。

●ばらばらになった漢字の部分をいくつか組み合わせて、漢字を6つ作ろう！　2回使うものもあるよ。

白	イ	立	早
羽	反	木	土
ヒ	黄		

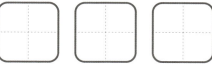

● 「かんむりどろぼう」があらわれて、漢字の「かんむり」がなくなっちゃった！ それぞれどんなかんむりがついていたのかな？

① 寸 疋 各
② 电 云 ヨ
③ 洛 楽 何
④ 合 相 寺

① ☐ ② ☐ ③ ☐ ④ ☐

●それぞれに足りない漢字の部分を考えて、□に書こう！

① 自 相 非
② 罙 由 肖
③ 合 旨 寺
④ 关 反 自

① ☐ ② ☐ ③ ☐ ④ ☐

たてのカギ

- あ 右の絵の矢印が指している地域を何という？
- い うらないで手を見るのは「手そう」。では、顔は何を見る？
- う 「祭りの□□□の家に、はっぴを取りにいく。」□□□にあてはまるのは？　せわやく・きんこばん

よこのカギ

- ア 1さら108円のおすしは、千円で何さら食べられるかな？
- イ 右の絵のものを何という？
- ウ 「アンデルセン」「イソップ」「グリム」といえば？
- エ 「公務員」の他の言い方だよ。
- オ こまったことなどの話を聞いてくれるところだよ。

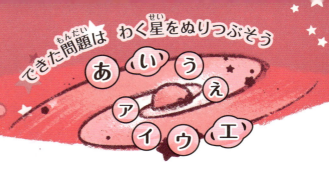

たてのカギ

あ なかがよくて、関係が深いことを表すことばだよ。

い じょうたいがわるくなること。「病気が□□する。」などのように使うよ。

う 右の絵の二人は、□□□□いちにいるね。

え 東京は日本の、パリはフランスの□□だね。

よこのカギ

ア 道の反対がわから、自分のほうに走ってくるくるまのことだよ。

イ 親子や兄弟など、血のつながっている人のことはどっち？　にくるい・にくしん

ウ 「日曜日に遊ぼうよ。」
「ごめんね。日曜日は□□□□□から、また今度ね。」
□□□□□にあてはまるのはどっち？
よていがあう・つごうがわるい

エ 大昔の生き物などが土の中でかたまって、いしのようになったもの。きょうりゅうなどのこれもあるね。

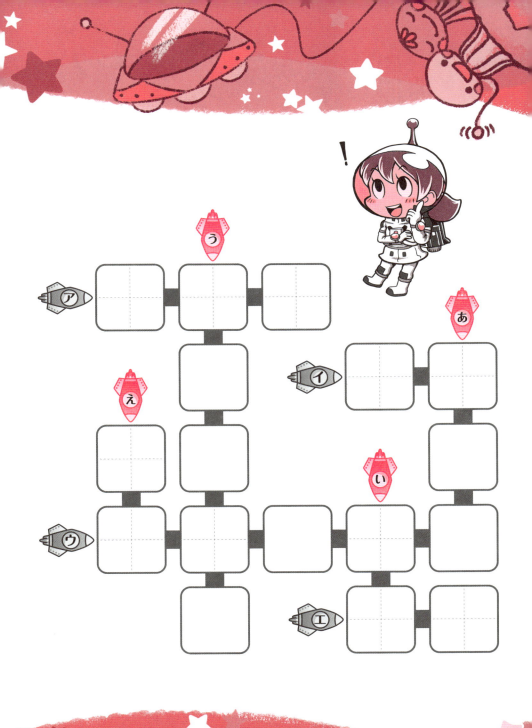

37問 漢字リレー(2)

レベル ★★★

●同じ漢字を使って、漢字のリレーをしよう！ 矢印のつながっているところには、同じ漢字が入るよ。

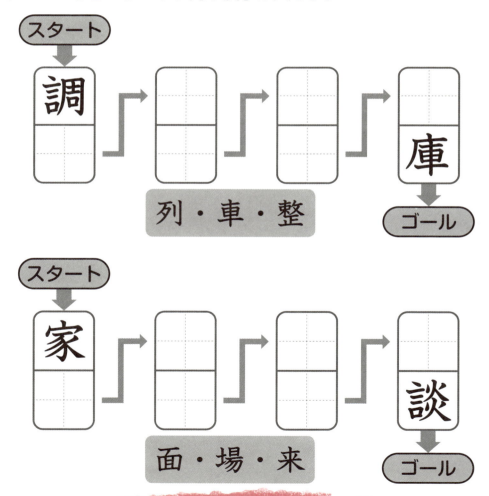

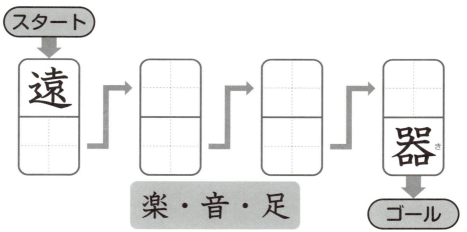

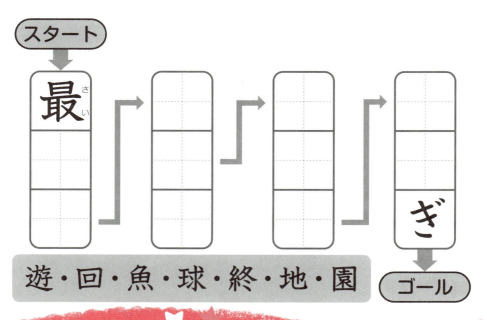

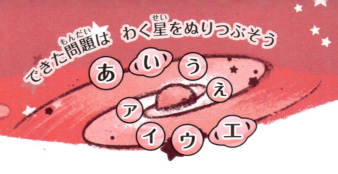

たてのカギ

あ　せきにんが大きすぎること。「学級委員長なんて、ぼくには□□□□よ。」　にがおもい・くちがるい

い　「わたしの学校では、5年生はごみしょりしせつに、6年生は食品工場に行きます。」　この行事を何という？

う　英語では「ラッキー」。反対の意味のことばは「ふうん」だよ。何ということばかな？

え　気温が高くて、ね苦しいのは、どっち？

暑い夜・寒い夜

よこのカギ

ア　会に入っている人は「かいいん」、銀行ではたらく人は「こういん」だね。では、かいしゃにいる人は？

イ　右の絵は学校の何の行事かな？

ウ　お正月に出すのは「年賀状」。では、夏のあつい時期に送るのは？

エ　ばんごはんのあと、よるおそくにまたたべるごはんは？

39問
レベル★★★

できた問題は　わく星をぬりつぶそう

🚀 **たてのカギ**

- **あ** よそにうつるときはきちんとかたづけなければいけないということ。「☐☐☐あとをにごさず」
- **い** なぞなぞだよ。中に「てんし」がいる乗り物は何？
- **う** 動作などがとてもすばやい様子だよ。
  　でんこうせっか・あくじせんり
- **え** はじめからおわりまでぜんぶのことを「☐☐☐☐」というよ。
  　じっちゅうはっく・いちぶしじゅう

🚀 **よこのカギ**

- **ア** 「☐☐じさん」とは、じぶんのことをじぶんでほめることを表すことばだよ。
- **イ** きゅうにうまくいくようになることを「☐☐直下」というよ。　はってん・きゅうてん
- **ウ** 朝一番に走るでんしゃのことだよ。
- **エ** １つのいしをなげて、とりを２わ落とすということからできたことばは？

40問 漢字のことばパズル
レベル★★★

● ☐にあてはまる漢字は何かな？

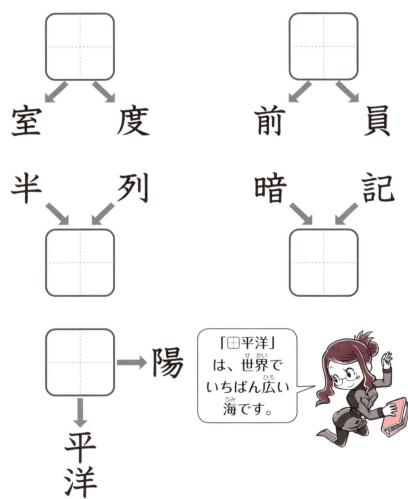

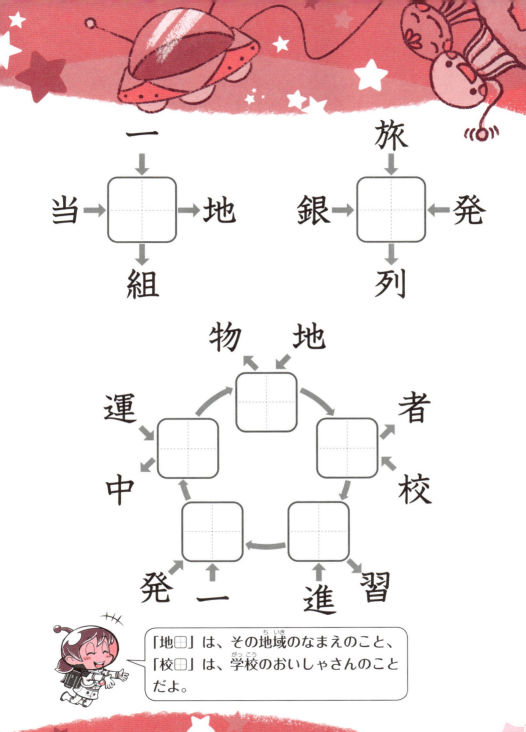

41問 レベル★★★

できた問題は わく星をぬりつぶそう

たてのカギ

あ おくられてきたものをそのまま他のところにおくることだよ。「メールを□□する。」などというね。

い このことばには2つの意味があるよ。「工作がむずかしくて、途中で□□□□。」、「丸めた新聞を□□□□□。」の両方に入るよ。

う ビルのうえなどに木や草を植えて、みどりをふやすことを何という？

え 「いやな思い出をきおくから□□□□。」と使うよ。

よこのカギ

ア テレビのほうそうには、BSほうそう、CSほうそうの他にこれがあるね。

イ おなかがいたいときは、おかゆなどの□□がよい食べ物を食べるといいよ。

ウ キャッチャーは「ほしゅ」。では、ピッチャーは？

エ 「□□→ことし→らいねん」。□□に入ることばは？

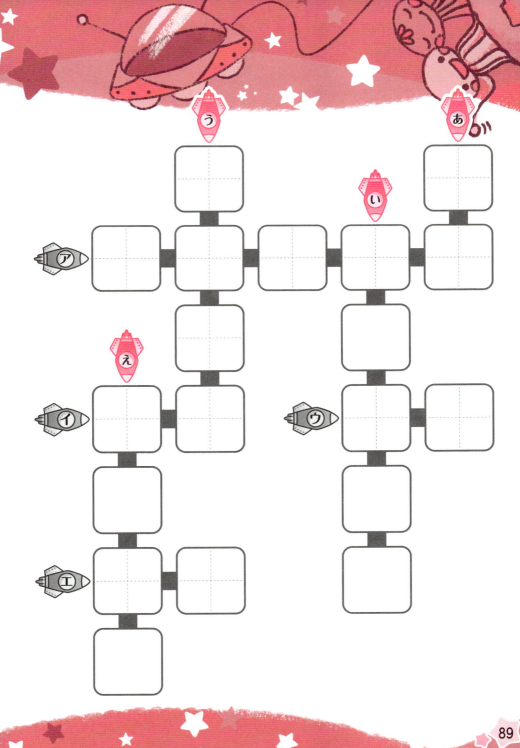

42問 レベル★★★

できた問題は わく星をぬりつぶそう

たてのカギ

あ にたことばは「欠点」、反対の意味のことばは「ちょうしょ」だよ。

い ちからいっぱいなげることだよ。

う こうじょうのせきにん者を、こうよぶね。

え 右の絵を道路で見たことがあるかな？この絵の意味は、どっちだろう？

ちゅうしゃきんし・いっぽうつうこう

よこのカギ

ア かなづちやのこぎりを使って仕事をしている人は？家などをつくる仕事だね。

イ よいところも悪いところもあるという意味だよ。「どちらも□□□□あって、決められないよ。」

ウ 道をわたるときや自転車に乗るときは、これに気をつけよう。

エ 気持ちがぴったり合うことを何というかな？「はじめて会った人と□□□□する。」

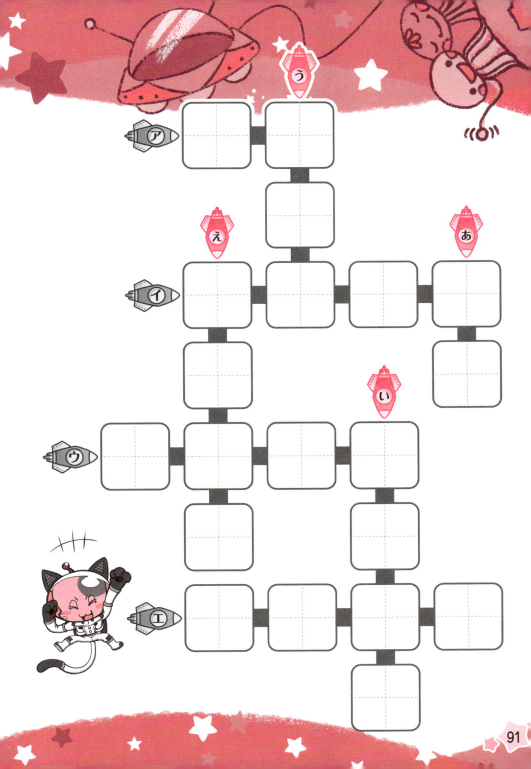

なかま漢字

●なかま外れの漢字をさがして答えよう。

・体の部分を表していない漢字があるよ。

| 頭　歯　手　首　血 |

・年号のはじめの文字じゃない漢字があるよ。

| 明　大　小　昭　平 |

・「しん」という読み方をしない漢字があるよ。

| 神　反　身　真　進 |

・画数が12画じゃない漢字があるよ。

| 湯　軽　筆　帳　童　着 |

・ひとつだけ、ある文字につながらない漢字があるよ。

| 校　局　船　館　屋　院 |

●ひとつだけ部首がちがう漢字をさがそう！

① 門　聞　間　開　☐
② 品　号　味　和　☐
③ 意　暗　昔　暑　☐
④ 番　福　画　申　☐
⑤ 宿　定　宮　究　☐

形はにていても、部首じゃないものがあるよ。

●「さんずい」と「きへん」がつくものを集めよう！どんな漢字ができるかな？

胡　主
兼　酉
肖　　夂
　直

さんずいがつくもの
☐ ☐ ☐

きへんがつくもの
☐ ☐ ☐

どちらもつくもの
☐

44問 レベル★★★

できた問題は わく星をぬりつぶそう
あ い う え
ア イ ウ エ

たてのカギ

あ 物語などに出てくる、ひとのことを何という？

い ほけん室にあって、高さが2メートルくらいあるものは何？ これでせの高さをはかるよ。

う 「あっ！ そうか。」とわかったときに思わずする動作は？

え シンデレラが住んでいたような、やねのすぐ下のへやを何という？

よこのカギ

ア スポーツのトレーニングなどを建物の中でできるところを何という？

イ あずけたり、空港でけんさをしたりするものは何？

ウ たんすの角にぶつけて、□□□になっちゃったよ。　きりみ・うちみ

エ 右の絵のものの名前は何？

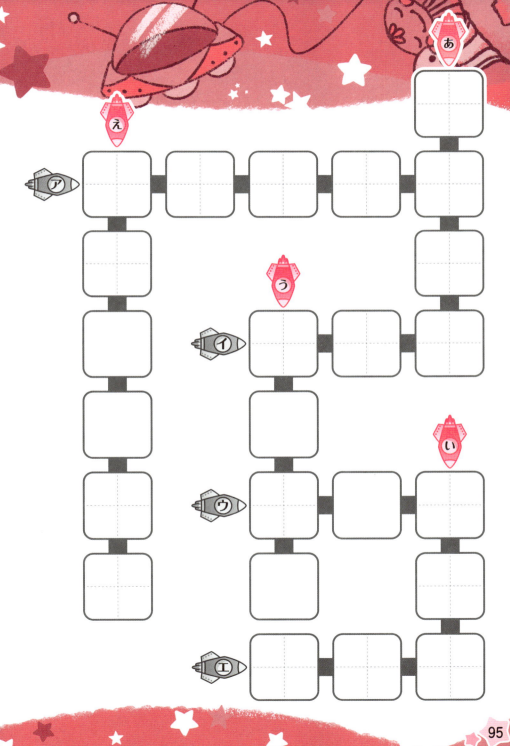

45問 レベル★★★

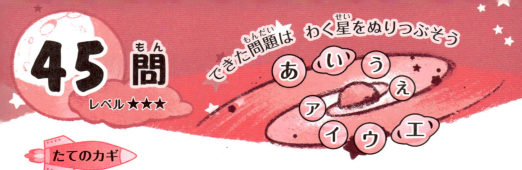

たてのカギ

あ 10のうち1しか助からないほどあぶないじょうたいから助かることを、「□□□□□をえる」というよ。

い くろうが大きいことを表す4字のことば。出てくる2つの数字をかけると32になるよ。

う 「□□さん様」は、ひとそれぞれちがうということ。

え 「□□といろ」は、**う**とよくにた意味だよ。

よこのカギ

ア 冬、数日さむい日のあとに数日あたたかい日がつづくこと。出てくる2つの数字を足すと7になるよ。

イ ほとんどという意味を表す4字のことばだよ。出てくる3つの数字を足すと27で、かけると720になるよ。

ウ 「はっ方□□」は、だれにでもよい顔をするひとのこと。

エ もうだめそうなところから立て直すことを表すのは、どっち？ にっしんげっぽ・きしかいせい

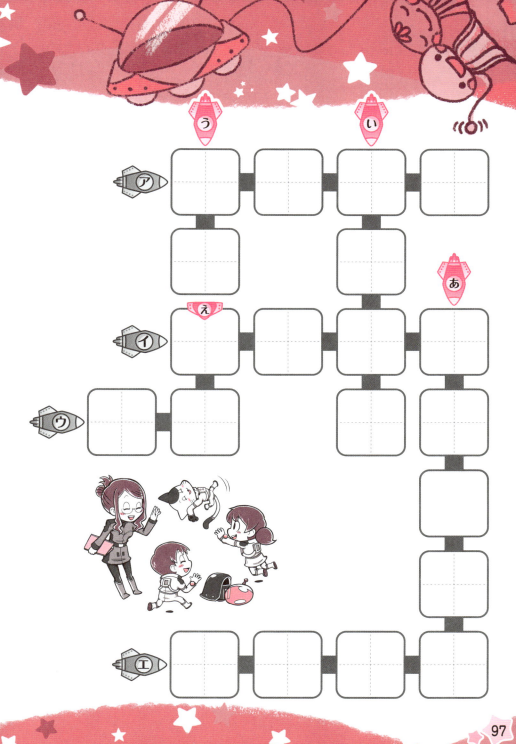

46問 まちがい漢字

レベル★★★

●正しい漢字のほうに進もう！　ゴールは、どのおすし？

答え（　　　　　　　　　）

47問 かくれた文字は？

レベル★★★

●なぞなぞの本に絵の具をこぼしちゃった！ 元の字を書いて、なぞなぞに答えよう！

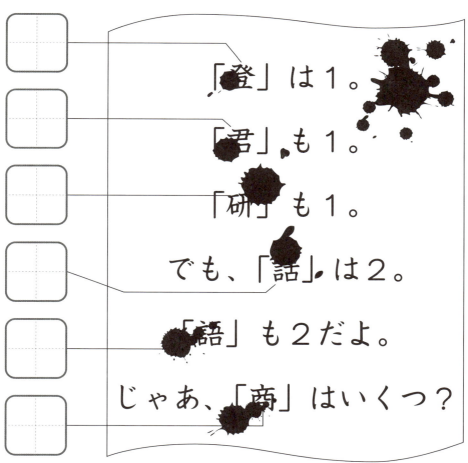

「登」は1。

「君」も1。

「研」も1。

でも、「話」は2。

「語」も2だよ。

じゃあ、「商」はいくつ？

答え（　　　　　）

月…はらう部分とはねる部分に気をつけましょう。中の横ぼうの数は2本です。
竹…左右の形がにていますが、右がわは最後をはねます。
虫…最後の「丶」をわすれないようにしましょう。
川…1画目ははらいます。
田…ややつぶれた形で書きます。

空…「⺌」の部分は、「八」ではありません。
木…「本」とまちがえないようにしましょう。
学校…「⺍」を「⺌」としないようにしましょう。
本…最後の「一」をわすれないようにしましょう。
先生…「先」の6画目は、大きくはねます。
石…「右」とまちがえないようにしましょう。
花…7画目は大きくはねます。
犬…最後の「丶」をわすれないようにしましょう。
車…「東」とまちがえないようにしましょう。

🪐 「木」と「本」、「犬」と「大」、「石」と「右」などのように、形のにた漢字に気をつけておぼえましょう。

答え2問

ア 天の川
イ 本気
ウ 下見

あ 花見…花にはいろいろありますが、花見というと、主にさくらの花を見て楽しむことです。
い 川下…「かわした」ではなく、「かわしも」と読むことに注意しましょう。
う 天気…空の変化の様子のことです。「晴れ」という意味でも使います。
ア 天の川…中国や日本では「川」のようだと見ていますが、英語では「milky way」とよび、空にミルクが流れたようだとたとえています。天の川は、夏の夜空によく見られます。
イ 本気…にた意味のことばは「まじめ」で、反対の意味のことばは「遊び」です。
ウ 下見…「下」には前もってすることという意味があります。他に「下調べ」などと使います。

🪐 「花見」は他の国にはない行事なので、花見をすることを目的として日本に来る外国人もふえています。

知っているかな

天気予報にかんすることばは、正しくつたわるように、使い方が細かく決められています。たとえば、「昼前」は、午前9時ごろから12時ごろまでのことで、「昼すぎ」は、12時ごろから午後3時ごろまでを指します。また、「しばらく」は、2日～3日以上で1週間以内の期間を指します。

 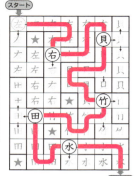

一・二・三・四・五・六・七・八・九・十…それぞれ、止めるところやはね・はらいに気をつけて書きましょう。

左・右・貝・竹・田・水のじゅんに進みます。それぞれの書きじゅんをしっかりおぼえましょう。

左…一→ナ→左→左→左
右…ノ→ナ→オ→右→右
貝…丨→冂→冂→目→目→貝
竹…ノ→ㇺ→ケ→ケ→竹→竹
田…丨→冂→冂→用→田
水…亅→オ→水→水

「左」と「右」は形がにていますが、書きはじめの一画がちがいます。「左」は「一」から、「右」は「ノ」から書きます。まちがいやすいので、気をつけておぼえましょう。

答え 4 問

あ **なき虫**…「虫」は、5画目をやや右上にはねるように書きます。

い **青空**…「青空」には、外という意味もあり、「青空教室」などと使います。「青」の字の下がわは「月」のように左にはらわないことに注意しましょう。

う **夕やけ**…夕やけが見えたら、その方向は「西」だとわかります。

ア **青虫**…農薬を使っていないキャベツの中にいることがあります。

イ **夕空**…「夕」の字は三日月の形をえがいたものです。

ウ **かけ足**…「足」の字の「口」の部分はひざを表しています。

「弱虫」といいますが「強虫」ということばはありません。虫が小さくて弱いものだからでしょう。

知っているかな

「青空」の色は、文字通りの「青」ですが、「青虫」の色は「青」ではなく緑色に見えますね。これは、昔の「青」が、木の葉っぱのような緑色もふくんでいたからだそうです。「木が青々としている」と言ったり、信号の緑色を「青」と言ったりするのと同じです。

答え 5問

- **あ** 出ばん…「出るじゅんばん」という意味です。
- **い** 土の中…アナグマやプレーリードッグ、シマリスなども土の中にすを作ります。
- **う** 月日…「つきひ」と読む場合は、時間を表し、「月日のたつのは早い」などと使います。
- **ア** 正月…お年玉、おせち料理、たこあげ、はつもうでなどの習慣があります。
- **イ** 日の出…日がしずむことという反対の意味のことばは「日の入り」です。1月1日の日の出を「はつ日の出」とよびます。
- **ウ** 水ぞくかん…漢字で書くと「水族館」です。イルカのショーが見られたり、ヒトデなどにさわれたりするところもあります。

🪐 アジアの多くの国では、日本のお正月から1か月ほどおくれて2月に「旧正月」をいわいます。

答え 6問

月・火・水・木・金・土・日…この7日間をまとめて、「1週間」とよびます。

青・白・赤…「青」は晴れた空や海の色、「白」は雪やぎゅうにゅうの色、「赤」は夕焼けやポストの色です。

千・百・十…数を表す漢字です。「百」と「白」は形がにているので気をつけましょう。

目・耳・口・手・足…「左」と「中」は、いちや場所、「見」は動作を表す漢字です。

🪐 体の部分を表す漢字は、他に「はな」「くび」「あたま」「むね」「せ」などを小学校で習います。漢字で書けるものをどんどんふやしていきましょう。

知っているかな

モグラは、土の中で生活しやすい体になっています。手はあなをほりやすいシャベルのような形をしています。暗い土の中では、目で見ることは少ないので、目はほとんど見えなくなってしまいました。耳などの体のでっぱりもじゃまになるので小さくなって、ずんぐりした丸い形になったのです。

答え 7問

🪐 うさぎも「一羽・二羽」と数えます。その理由には、耳が羽のようだからなどいろいろな説があります。

あ 町なみ…「街なみ」と書くこともあります。「なみ」は「波」ではなくならんだものという意味です。

い 千三十一…まず、「1031」を「せんさんじゅういち」と読んでから、漢字に直しましょう。住所などでは「一〇三一」と書くこともあります。

う 七日…数字のあとに「つ」と「日」がつくとき、「一・二・六・七・八」は読み方がかわるので注意しておぼえましょう。

ア 千ば…鳥は「一羽・二羽・三羽」と数えます。

イ 七五三…男の子は3才と5才、女の子は3才と7才になった11月15日ごろに行います。

ウ 一休み…この「一」は軽く動作を行うという意味です。他に「一ねむり」などと使います。

答え 8問

🪐 小学校でも落第（上の学年に上がれないこと）がある国もあり、年がちがう人が同学年になることもあります。

あ 月見…満月は年に何回もありますが、空がすみわたる秋がいちばんきれいに見えるので9月か10月の満月の夜に月見をします。

い 火よう日…曜日は「日月火水木金土」のじゅんです。昨日は一日前のことです。

う 三年生…一年生は6才か7才です。おねえちゃんは2才年上なので、8才か9才です。

ア 花火…どかーんと打ち上げる花火は打ち上げ花火といいます。他にしかけ花火、せんこう花火などもあります。

イ 三日月…まん丸の月は「満月」といいます。

ウ 学生…「学生」は学校で勉強している人のことですが、ふつうは大学生のことを指します。小学生は「児童」、中学生・高校生は「生徒」といいます。

知っているかな

花火がどかーんと鳴る前、夜空に上がっていくときに、「ヒュー」という音がします。音が消えていくと、どれぐらい大きく開くのか、期待が高まりますね。この「ヒュー」という音は、花火の中に入れられた笛が出す音で、どの花火にもひつようなものではなく、音が出ないものもあるのです。

答え 9問

子ども 三にん
色えんぴつ 七ほん
おりがみ 八まい
図かん 三さつ

9かい＝九かい
5年2くみ＝五年二くみ

ねこ 四ひき
かえる 三びき
てんとうむし 六ぴき

数字は、数え方によって読み方が変わります。「1こ・2こ・3こ…」と数えるときと、「1つ・2つ・3つ…」と数えるときとは、どうちがうか、考えてみましょう。

子ども三人…「三人」は、「みにん」とは読みません。
色えんぴつ七本…細長いものは、「本」と数えます。
おりがみ八まい…紙は、「まい」と数えます。
図かん三さつ…本やノートは、「さつ」と数えます。
九回…「きゅうかい」と読みます。
五年二組…「ごねんにくみ」と読みます。
ねこ四ひき・かえる三びき・てんとうむし六ぴき…どれも「ひき」と数えますが、数字によって「びき」「ぴき」と変わります。

答え 10問

ヨコ
あ 玉手ばこ
い 百じゅうの王
う 二十

タテ
ア 百円玉
イ 二じ
ウ 男の子

百円玉は十円玉より少し小さいけれど、重さをくらべると百円玉の方がやや重くつくられています。

あ 玉手ばこ…うらしまたろうは、りゅうぐうじょうから帰るときにおとひめからこれをもらいました。
い 百じゅうの王…「百」はたくさん、「じゅう」は動物という意味です。
う 二十…「はたち」はとくべつな読み方です。注意しておぼえましょう。
ア 百円玉…百円こうかのことです。数字とさくらの絵がえがかれています。
イ 二じ…短いはりが指している数字で何時かがわかります。2を指しているので二時です。
ウ 男の子…「じょし」は漢字で「女子」、「だんし」は漢字で「男子」と書きます。

知っているかな

「百じゅうの王」といわれる動物はライオンですが、地球上で本当にいちばん強い動物は何でしょうか？ ゾウ、カバ、クマ、トラなどさまざまな意見があります。力が強いもの、水中で強いものなど、考え方によって変わるので、どれか一つには決められないようです。

答え 11問

- あ **子犬**…「小犬」とも書きますが、意味が少しちがいます。「小犬」は「小さい犬」のことです。だから、「おばあちゃんの小犬」はいますが、「おばあちゃんの子犬」はいません。
- い **石の上にも三年**…よくにた意味のことわざに「待てば海路のひよりあり（気長に待っていれば海に出るのによい天気の日が来る）」があります。
- う **目玉**…「目玉やき」は、たまごの黄身が目の玉のように見えることからついた名前です。
- ア **目上**…反対の意味のことばは「目下」です。目上の人には敬語というていねいなことばを使いましょう。
- イ **にわか雨**…夏の夕方にふるにわか雨を「夕立」とよびます。
- ウ **三つ子**…もうひとり多いと「四つ子」、さらにひとり多いと「五つ子」とよばれます。

「目玉やき」を英語では「Sunny-side up」とよびます。黄身を太陽（Sunny）にたとえてできたことばです。

答え 12問

答え（　うちゅうかぶと　）

12回…「円」は4画、「雨」は8画、「校」は10画、「村」は7画、「女」は3画、「草」は9画、「百」は6画、「出」は5画の漢字です。「女」や「出」の画数に気をつけて数えましょう。

うちゅうかぶと…「虫」は6画の漢字です。「耳→名→早→年→糸→気」のじゅんに進みましょう。「糸」は「幺」の部分を3回で書き、「気」は「气」の部分を1回で書きます。声に出して数えながら書くとまちがえにくいですね。

画数をまちがえやすい漢字や部首がいくつかあります。注意しておぼえましょう。たとえば、「弓」や「辶」（「進」「追」など）は3画、「水」は4画、「考」は6画で書きます。

知っているかな

日本には、「しぐれ」や「はるさめ」など、雨を表すことばがたくさんあります。また、新しくできたことばに、「ゲリラごう雨」があります。短い時間にせまいはんいでたくさんふる雨のことです。いつふり出すかわからない雨を、たたかいのときにてきを急におそう「ゲリラ」にたとえてできたことばです。

答え 13問

日本語は、ひらがな・カタカナ・漢字をまぜて使いますが、このような言語はとてもめずらしいのです。

あ 立ち入り…その場所に入ることを、「立ち入る」といいます。「立ち入りきんし」は、「入ってはいけません」という意味です。

い 竹とんぼ…ぼうの部分を手で回し、とばして遊ぶおもちゃです。

う かん字…漢字を使う国は、日本の他にも中国などがあります。

ア 力もち…同じ意味のことばには、他に「怪力」があります。

イ 草とり…庭や畑に生えた、いらない草をぬくことです。この草のことを「雑草」といいます。

ウ 田んぼ…田んぼに植えたいねが成長すると、お米が実ります。「田」という漢字は、田んぼの形をもとにしてできました。

答え 14問

赤んぼ
二ばん目
ぞう木林
文しょう
木よう日
字

「銀メダル」の他に、1位の選手がもらえる「金メダル」、3位の選手がもらえる「銅メダル」があります。

あ 木よう日…1週間は「月曜日・火曜日・水曜日・木曜日・金曜日・土曜日・日曜日」です。

い 赤んぼう…赤ちゃんは、生まれたときには全身が赤いので、「赤」という字が使われるようになったのです。

う 文字…世界には、アルファベット（ローマ字）やアラビア文字、ラテン文字など、たくさんのしゅるいがあります。

ア 二ばん目…銀メダルは、2位の選手がもらえるメダルです。

イ ぞう木林…木がたくさん生えている場所を林といいます。「ぞう木」は、いろいろなしゅるいの木をいうことばです。

ウ 文しょう…「。」が1つのものを「文」、「物語」のように、いくつかの文でできたものを「文しょう」とよびます。

知っているかな

世界でことばとしてもっとも多くの人に使われているのは中国語、その次が英語です。げんざいは世界でおもに28しゅるいの文字が使われていますが、ひらがな・カタカナ・漢字のように、いくつかの文字をまぜて使うことばは、世界でも日本語しかないといわれています。

答え 15問

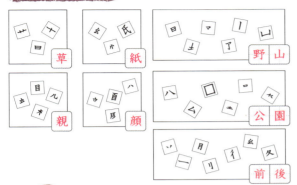

にた形の漢字は、それぞれまちがえないようにおぼえましょう。「牛」と「午」、「人」と「入」、「方」と「万」、「目」と「自」など、たくさんあります。

ばらばらになっている部分から漢字を想像しましょう。

草…「艹」と「早」が組み合わさった漢字です。
親…形のにている「新」とまちがえないようにしましょう。
紙…「糹」のつく漢字は多いので気をつけましょう。
顔…画数が多い漢字です。

野山…「野」の7画目は、右上にはねます。
公園…「公」は、「八」の部分を「人」のようにしません。
前後…「後」の「夂」の形に気をつけましょう。

答え 16問

「かんむり」には、「家」などの「うかんむり（宀）」、「算」などの「たけかんむり（⺮）」などがあります。

あ　野原…「そこ」は「野原」を指しています。「原」は、はらいやはねに気をつけて書きましょう。
い　草花…「艹」は「くさかんむり」といいます。「草」も「花」も、くさかんむりのつく漢字です。
う　大学生…「学」は、よくにた形の「字」とまちがえないようにしましょう。
ア　大声…「声」の上の部分は、「土」ではありません。「こごえ」は、「小声」と書きます。
イ　野山…少し見えている部分から、元の漢字を想像しましょう。
ウ　草原…どちらも同じ漢字を書きますが、「そうげん」は「音読み」、「くさはら」は「くん読み」のことばです。
エ　生け花…草花を花びんなどにきれいにかざることを、「花を生ける」といいます。

知っているかな

同じ漢字で、2通りの読み方をすることばがあります。「草原」（そうげん・くさはら）の他にも、「人気」（にんき・ひとけ）、「市場」（しじょう・いちば）、「色紙」（しきし・いろがみ）などです。意味もちがってくるので、このようなことばは、文や話の流れに合わせて読み取ることが大切です。

答え 17問

あ 作家…絵本の他にも、絵をかいたり物をつくったりする人のことも「作家」といいます。

い 工場…物をつくる場所のことです。「食品工場」「自動車工場」など、さまざまな工場があります。

う 計画…「画」の中の部分は、「田」ではなく「由」です。

え 図書室…「図書館」ともいいますが、うの答え「教室」と合わせて考えます。

ア 図画工作…ここでは、「計画」のように「画」を「かく」とは読みません。

イ 読書…「書」は「本」という意味をもつ漢字なので、「読書」は「本を読むこと」です。

ウ 教室…じゅぎょうを受けるのは、「教室」です。「教」は右がわの形に気をつけて書きましょう。

「家」という漢字には、人がすむ「いえ」という意味の他に、「人」という意味もあります。

答え 18問

〔 木曜日 午前 十時 〕

分・岩・体・間・話・歌…「分」の下の部分は、「力」ではなく「刀」です。「話」は、組み合わせるいちに気をつけましょう。「歌」の「哥」は、下がわだけ、たてぼうをはねます。

室・茶・雲・答…「宀」は「うかんむり」、「艹」は「くさかんむり」、「雨」は「あめかんむり」、「𥫗」は「たけかんむり」とよびます。

木曜日 午前十時…曜日と時間がわかるように、メモを直しましょう。

漢字は、「部首」によってなかまに分けることができます。部首には、「かんむり」や「へん」(きへん・さんずい など)、「かまえ」(もんがまえ・くにがまえ など)などがあります。

知っているかな

漢字は、「部首」によってどのような意味をもつ漢字か、わかるものがあります。たとえば「氵」(さんずい)は水に関係のある漢字に多く、「艹」(くさかんむり)は植物に関係のある漢字に多くついています。「亻」(にんべん)は、人に関係のある漢字に多いです。漢字をおぼえるときに注目してみましょう。

答え 19 問

ア父	親		
	イ切	手	
		ウ先	頭
			を
	エと	中	下	車
			げ
			る

🪐 「頭が下がる」は、「頭を下げる」とちがい、相手にかんしゃしたり、感心したりする気持ちを表します。

- あ **頭を下げる**…たのんだり、あやまったりするときの他に、あいさつのときにもする動作です。
- い **手先**…ここでは「指先」という意味ですが、悪者などの「手下」という意味で使われることもあります。
- う **親切**…やさしくて、思いやりがあることです。「親」を、形がにていて同じ読み方をする「新」とまちがえないようにしましょう。
- ア **父親**…「父」の書きじゅんは、「ノ→ハ→グ→父」です。3・4画目に気をつけましょう。
- イ **切手**…「切」は、「七」と「刀」の組み合わさった漢字です。
- ウ **先頭**…「先」も「頭」も、「はじめ」という意味をもつ漢字です。
- エ **と中下車**…「下車」は、乗り物をおりること。「と中下車」は、行くはずだった場所より前でおりることです。

答え 20 問

- あ **たん生日**…生まれることを「たん生」といい、その日を「たん生日」といいます。
- い **先回り**…「回り」は、送りがなにも気をつけておぼえましょう。
- う **細長い**…ごぼうやえんぴつ、めんのように、細くて長い形のことです。
- え **公園**…「園」は、同じ読み方をする「遠」とまちがえないようにしましょう。
- ア **出た**…「うそから出たまこと」は、ついたうそが本当になること、「身から出たさび」は、自分がした悪い行動のせいで自分が苦しむことです。
- イ **園長先生**…ようち園の長(いちばんえらい人)のことです。
- ウ **弱い**…「強い」と「弱い」を合わせて、「強弱」ということばもあります。

🪐 物の形には、「丸い・円い」、「太い」、「長い」、「短い」、「大きい」、「小さい」など、さまざまな言い方があります。

知っているかな

ことわざは、昔からの教えをふくんだことばです。たとえば…
- 急がば回れ(遠回りのようでも安全な方法をとるほうがよい)
- 短気はそん気(短気でいらいらしていると、よいことがない)
- 習うよりなれろ(物事は、教えられるより、自分でやってみるほうが身につく)

109

答え 21 問

スタート				
同	直	知	昼	雪
売	海	紙	理	黄
家	点	高	道	電
理	晴	新	番	鳴
買	読	聞	楽	顔

外	古	言	市	元	
台	自	回	米	西	
近	多	色	京	毎	
走	肉	池	会	交	
矢	考	社	母	谷	

スタート：色　ゴール

パンダ　ハチ　ブタ　ハムスター　ゾウ

🪐 画数は、曲げる部分（「フ」や「く」や「し」など）、はねる部分（「ｌ」や「っ」など）に気をつけて数えましょう。また、「考」の「ｸ」の部分のように１画で書くものも、注意がひつようです。

同・直・海・紙・理・道・電・鳴・顔…「直」の「𦣻」は、「古」ではありません。「海」の「𠮷」の部分は４画で、「道」の「⻌」の部分は３画で書きます。

ハチ…「色」は「′」「″」「⺈」「⺈」「⺈」「色」の６画で書く漢字なので、色→池→会→交→毎→西→米→回→自→多→肉→考のじゅんに進みます。「多」を６画で書くことに気をつけましょう。
「考」の「ｸ」の部分は２画で書きます。

答え 22 問

```
        あ
      ア回文
    イ
  春 点 数
ウ大 の 字
   七
エ道 草 を 食 う
```

🪐 ハギ、キキョウ、クズ、フジバカマ、オミナエシ、オバナ、ナデシコは「秋の七草」とよばれます。

あ　回数…物事が行われた数のことです。
い　点字…目が不自由な人がつえでたどって歩けるように、道路にしかれています。
う　春の七草…１月７日に、春の七草をおかゆに入れて食べる風習があり、このおかゆを「七草がゆ」といいます。
ア　回文…「回して（ひっくり返して）読んでも同じになる文」のことです。
イ　点数…テストやゲームなどのせいせきを表したものです。にた意味に「得点」ということばがあります。
ウ　大の字…人が両手と両足を広げた形は、「大」ににていますね。
エ　道草を食う…どこかへ行くときに、より道をすることです。「道草を食べる」とは言いません。

知っているかな

目の不自由な人のために作られた文字を、「点字」といいます。文字が点で表されていて、指でさわるとふくらんでいるので、目が見えなくても、さわれば何と書いてあるのかがわかるのです。ジュースのかんや、エレベーターのボタンなど、身近なものにも点字は使われています。

答え 23問

🪐 「母の日」は、日本では5月の第2日曜日です。「父の日」は、6月の第3日曜日です。

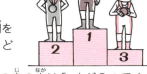

- あ **日帰り**…一ばんとまる旅行は「一ぱく旅行」といいます。
- い **白黒**…「白黒写真」の反対の意味のことばは「カラー写真」です。昔は映画やテレビも白黒でした。
- う **金色**…銀メダルは2位、銅メダルは3位です。
- え **時間わり**…時間をわりふって表などにしたものです。
- ア **母の日**…「母」の字の中は「、」が2つです。「毎」と区別しておぼえましょう。
- イ **時は金なり**…「金」を「きん」と読みまちがえないようにしましょう。
- ウ **色白**…「白」は、ここでは「しろ」ではなく、「じろ」とにごって読みます。

答え 24問

妹	兄	友	弟	姉		友
南	内	東	北	西		内
夏	春	秋	森	冬		森
一	丸	十	百	千	万	丸
虫	鳥	犬	人	船	馬	牛	船

① 遠 店 記 語 交
  円 天 立 後 公 木 午 工
② 園 千 点 汽 歩 校 正 生
③ 犬 気 五 当 少 鳥
④
⑤
⑥

千 りのみちも一 歩 から

犬 も 歩 けばぼうに 当 たる

船 立 つ 鳥 あとをにごさず

🪐 「千里の道も一歩から」は、どんなに遠い道のりでも、一歩をふみ出すことから始まるということ。小さな努力を重ねていけば、大きなこともなしとげられるという意味です。

友…その他は、家族を表す漢字です。
内…その他は、方角を表す漢字です。
森…その他は、きせつを表す漢字です。
丸…その他は、数を表す漢字です。
船…その他は、生き物の漢字です。

千・犬・立・歩・当・鳥…①は「えん」、②は「てん」、③は「き」、④は「ご」、⑤は「こう」、⑥は「しょう」と読む漢字のなかまです。

知っているかな

「時は金なり」は、もともとは外国語のことわざです。それを昔の人が日本語にしたので「なり」という昔のことばが使われているのです。「鉄は熱いうちに打て」「ローマは1日にしてならず」「木を見て森を見ず」「となりのしばふは青い」なども外国からつたわったものです。

答え 25問

「週」の「辶」の部分は、「丶→辶→辶」のじゅんに3回に分けて、形に気をつけて書きましょう。

あ **会社**…「社」の字の右がわは「土」です。下の横ぼうが上より長くなるように書きましょう。

い **前後**…犬はねこの前と後ろにいます。「前」の字の上の部分を「花」の上の部分とまちがえないようにしましょう。

う **火曜日**…日曜日→月曜日→火曜日です。

え **三週間**…一週間は7日です。21日間は、7日間が3回分なので、三週間です。

ア **花火大会**…「火」の字は、ほのおの形からできた漢字です。中の「人」の部分を後に書きます。

イ **三日前**…「たなばた」は、7月7日です。「よっか」は「四日」で、「八日」とまちがえやすいので注意しましょう。

ウ **人間**…「間」の字には「カン」と「ケン」というふたつの音読みがあります。

答え 26問

火事を出さないために、ひょうしぎを鳴らして「火の用心」と言いながら、夜、町内を回る習慣がありました。

あ **画用紙**…「用」には使うという意味があります。

い **名人**…とても上手な人のことです。「名」という字には、すぐれた、立派なという意味があり、他に「名曲」「名画」などと使います。

う **絵日記**…「記」の右がわの「己」は「フ→コ→己」のじゅんで3回に分けて書きます。

ア **用心**…注意することという意味です。

イ **絵手紙**…はがきに絵と短い文を書きそえるものです。

ウ **記名**…「地名」は土地の名前、「氏名」はみょうじと名前のことです。

エ **人魚**…体の上半分が人間の女の人で、下半分が魚のすがたをしている想像上の生き物です。

知っているかな

画用紙の大きさは「四つ切り」や「八つ切り」と言いますね。どちらが大きい紙だかわかりますか？ これは、もとの大きさの画用紙を四つや八つに切ったものという意味です。だから、四つ切りのほうが八つ切りよりも大きくて、八つ切り二まい分の大きさになるのです。

答え 27 問

羽	原	合	帰	星	寺	戸
風	来	方	通	刀	算	角
強	明	才	顔	何	羊	毛
里	弓	線	組	思	毎	画
黒	光	麦	声	雲	科	行
升	首	母	岩	嫌	今	夜

出てきた漢字 上

草　右　時計台　公園　学校

> 漢字には形がにているものがあり、正しく書かなければまちがってつたわってしまいます。たとえば「右を見る」と「石を見る」のように、形は少しのちがいでも、意味は大きくちがいますね。

上…おかしな漢字は、どこがちがうのかをたしかめて、正しい形をしっかりおぼえましょう。とくに、つき出す部分や線の本数などに気をつけましょう。

学校・公園・時計台・右・草…少しだけ見えている部分から漢字をすい理しましょう。文の内容から予想してもよいですね。

答え 28 問

> どんな形の三角形でも、それぞれの３つの角を集めると、どれも同じ大きさになります。

あ 半分…二つに分けたうちの一つ分を食べたら、半分のこります。

い 何時…「何」の右がわの「可」の部分は、横ぼうのつぎに「口」を書くことに注意しましょう。

う 三角形…「角」という字は、動物の角の形からできたものです。

え 下校後…「放課後」ともいいます。

ア 地下…地下にある商店街を「地下街」、地下を走る鉄道を「地下鉄」といいます。

イ 午後三時半…午前10時30分から正午までは、1時間30分です。午後には3時間30分遊んだことになります。

ウ だ円形…「円」という字には、「まる」という意味があります。だ円形は、丸をつぶしたような形です。

知っているかな

はじめて東京に地下鉄ができたのは、およそ90年前のことです。今は、日本のたくさんの都市で毎日多くの人を乗せて走っています。地下街が多いことで有名な名古屋では、地下鉄の駅からつぎの駅まで、一度も外に出ずに、ずっと地下街を通って歩いていくことができる場所もあります。

答え 29問

「たん生日」は「生年月日」と同じようにも使いますが、月と日だけをいうことが多いことばです。

あ **日本語学校**…外国から来た人などが日本語を勉強するための学校です。「日本語教室」もありますが、よこのカギに合いません。

い **中心**…「心」という字には「中央」という意味もあります。

う **生活**…3年生からは社会と理科に分かれます。「生活」には、「くらしていくこと」という意味もあります。

ア **生年月日**…「生まれた年と月と日」のことです。

イ **本当**…反対の意味のことばは「うそ」です。「本当にあった話」を「実話」といいます。

ウ **中国語**…中国語は、中国などで使われていることばで、漢字だけで表します。

エ **校門**…「山門」はお寺の門のことです。

答え 30問

「人工」が前につくと人がつくったものであることを表します。「人工林」「人工知能」などがあります。

同じ漢字でも、ちがう読み方をする場合に気をつけましょう。

足早・早口・口数・数字…「口数」は、何かを言う回数のことで、「口数が少ない」のように使います。

地図・図書・書店・店長…「図」を「ず」と「と」と読むことに気をつけましょう。

交通・通学・学生・生活…「通学」は、学校に通うことです。

打ち上げ花火・火曜日・日本人・人工雪…「人工雪」は、しぜんにふった雪ではなく、きかいなどを使って人がつくった雪のことです。

知っているかな

よくにた漢字を使っているのに、中国では日本とちがう意味のことばがあります。たとえば、「汽车（汽車）」の意味は、「汽車」ではなく、「自動車」です。「汤（湯）」は、「お湯」ではなくて、「スープ」という意味です。中国から来た人が、温泉などで「湯」と書かれているのを見たら、びっくりするかもしれませんね。

答え 31問

きのうはうんどうかいがあった。（運動会）
かけっこで、せいれつしてからふえが（整列）（笛）
なるまで、ドキドキしていきが（息）
くるしかったけど、ぜんそくりょくで（苦）（全速力）
はしって、けんがくにきてくれた（見学）
かぞくみんなにほめられたよ。

じてんしゃでころんで、（自転車）
ひざからちがでたので、くすりを（血）（薬）
ぬりました。ぬったところは、
せかいちずみたいなかたちに（世界地図）
なりました。

🪐 世界地図は、日本では日本を真ん中にしてえがかれていますが、国によってちがいます。それぞれ自分の国を真ん中にしめすことが多く、日本の世界地図とは上下さかさのものもあるようです。

自転車・血・薬・世界地図…
「血」と「皿」、「薬」と「楽」をまちがえないように気をつけましょう。

運動会・整列・笛・息・苦・全速力・見学…「整列」は、きちんと列にならぶことです。「せい」と読む漢字は他にもあるので、区別しておぼえましょう。「苦」の上の部分は、「⺾」ではありません。

答え 32問

```
      詩
ア 全 員 集 合
   速    い
イ 実 力  言
      落 ち 葉
エ 外 国 語
```
（ア 全、速、実、イ 力、ウ 落、エ 外国語）

🪐 すべての葉っぱが落ち葉になるわけではありません。木のしゅるいによって、落ちる葉と落ちない葉があります。

あ **合い言葉**…「合」を「会」とまちがえないように気をつけましょう。

い **詩集**…「集」の字には、集めたものという意味があります。「文集」「画集」などと使います。

う **落語**…落語は着物を着た人が、身ぶり手ぶりだけで、ひとりで何役もえんじます。

え **全速力**…出せるかぎりの速さのことです。

ア **全員集合**…「集合」の反対の意味のことばは「かいさん」です。

イ **実力**…「実力」は、本当の力のことです。

ウ **落ち葉**…「落」は、「洛」と書かないように気をつけましょう。

エ **外国語**…他に中国語、英語、ドイツ語、ロシア語などもあります。

知っているかな

落語に出てくる長い人名は「じゅげむじゅげむ、ごこうのすり切れ、海じゃり水魚の水行末、雲行末、風来末、食うねるところに住むところ、やぶら小路ぶら小路、パイポパイポ、パイポのシューリンガン、シューリンガンのグーリンダイ、グーリンダイのポンポコピーのポンポコナの長久命、長久命の長助」です。

- **あ** 虫の息…「ジョンは気づいたときにはもう虫の息だった。」などと使います。
- **い** 鼻が高い…じまんする様子を表します。
- **う** 三度…やさしいほとけ様でも、顔を三回なでられればおこることからできたことばです。
- **え** 二階から目薬…二階から下にいる人の目に目薬をさそうとしてもうまくいかないということからできたことばです。
- **ア** 二度…「三度目の正直（2回目まではしっぱいしていても、3回目にはうまくいく）」ということばもあります。
- **イ** 鼻息…「あらくする」は、強くはげしくすることを表します。
- **ウ** 目が高い…物のよさを見分ける力がすぐれているということです。
- **エ** 農薬…「農」の字の下の部分を「衣」のように書かないよう、注意しましょう。

「息」の上の部分の「自」は鼻の形を表していて、「息」は、鼻と心ぞうで息をすることからできた漢字です。

答え34問

- 畑…「火」の4画目は、はらいません。
- 笛…下の部分は「田」ではなく「由」です。
- 重…「ノ」「一」「日」のあとに、たてぼうを書きます。
- 休・横・習・化・章・坂…組み合わせるいちに注意しましょう。
- 宀・雨・艹・竹…「かんむり」は漢字の上の部分です。
- 心…「心」をやや平らに書きます。
- 氵…3画目を上にはねます。
- 扌…2画目ははねます。
- 辶…形に気をつけましょう。

漢字をばらばらにすると、いちによって形がかわることがわかります。たとえば「日」のつく漢字は多いですが、「間」では「日」、「暗」では「日」、「星」では「日」のように書きます。

知っているかな

「目」や「鼻」など、体の一部を使ったことばはたくさんあります。「目は口ほどにものを言う（目の表情は、ことばで言うくらい相手に気持ちをつたえる）」、「顔が広い（つき合いが広く、友人などが多いこと）」、「耳がいたい（自分のいやなことを言われること）」「ねこのひたい（場所がせまいこと）」などです。

答え 35問

ア 九州
イ 世界地図
ウ 童話
エ 役人
オ 相談所

（クロスワード：ア九皿、イ世界地図、ウ童話、エ役人、オ相談所）

🪐 「童話」の「童」という漢字には子どもという意味があり、「童心」などということばもあります。

あ 九州地方…福岡・大分・佐賀・長崎・熊本・宮崎・鹿児島・沖縄の8つの県があります。
い 人相…「相」にはすがたや様子という意味があります。
う 世話役…中心になって、会やお祭りなどのめんどうをみる人のことです。
ア 九皿…108円のおすしを10皿食べると1080円で、千円をこえてしまいます。9皿なら、972円です。
イ 世界地図…「世」は、まず、横ぼうを書き、次に真ん中のたてぼうを書くことに気をつけましょう。
ウ 童話…子どものために書かれた物語のことです。
エ 役人…役所などではたらく人のことです。
オ 相談所…「児童相談所」「ほうりつ相談所」「けっこん相談所」などがあります。

答え 36問

ア 対向車
イ 肉親
ウ 都合が悪い
エ 化石

🪐 首都は、その国のいちばん大きい都市でない場合もあり、アメリカの首都はニューヨークではなくワシントンです。

あ 親しい…「親」には他に「おや」という読み方があります。
い 悪化…よくなるという反対の意味のことばは「好転」です。
う 向かい合う…おたがいがまっすぐ前を向いて顔を見合えるいちです。
え 首都…国全体をおさめる役所がある都市です。
ア 対向車…「対」の字の左がわは「文」ににていますが、4画目を止めることに注意しましょう。
イ 肉親…「血縁」ということばもあります。
ウ 都合が悪い…「また今度ね」と言っているので、日曜日は用事などがあって都合が悪かったことがわかります。
エ 化石…化石を調べることで、その生き物が食べていたものや、いつごろ生きていたかなどがわかることがあります。

知っているかな

日本を分けて考えるとき、よく使われるのは8つの地方に分ける考え方です。その8つは、北海道地方、東北地方、関東地方、中部地方、近畿地方、中国地方、四国地方、九州地方です。この他に、山梨県・長野県・新潟県を甲信越地方、静岡県・岐阜県・愛知県・三重県を東海地方とよぶ分け方などもあります。

答え 37問

回遊魚とは、1か所にとどまらず、いろいろな場所を回ってくらす魚のことで、サンマやマグロなどがいます。

同じ漢字でも、ちがう読み方をする場合に気をつけましょう。

調整・整列・列車・車庫…「整列」は、きれいに列になってならぶことです。

家来・来場・場面・面談…「家来」は「からい」ではなく「けらい」と読みます。王様などの手下のことです。

遠足・足音・音楽・楽器…「足」と「音」の読み方のちがいに気をつけましょう。

最終回・回遊魚・遊園地・地球…「地球ぎ」は、地球をそのまま小さくしたもけいです。地図がえがかれていて、丸い地球の様子がよくわかります。

答え 38問

幸	ア社	員	あ荷
イ運	動	会	が
		科	重
え暑	中	見	ま
い		学	い
エ夜	食		

気温が25度以下に下がらない夜を「熱帯夜」、最高気温が30度以上の日を「真夏日」といいます。

あ 荷が重い…せきにんを重たい荷物にたとえていることばです。

い 社会科見学…実際の社会について知るためにしせつなどを見に行く行事です。

う 幸運…「幸」の字の下の部分を「羊」などとしないように気をつけましょう。

え 暑い夜…「ね苦しい」は、暑さなどでねにくいときに使うことばです。

ア 社員…「員」の字には、ある立場や仕事についている人という意味があります。

イ 運動会…「体育大会」ということもありますが、三文字で答えます。

ウ 暑中見まい…「暑中」とは、夏のいちばん暑いころのことです。

エ 夜食…昼食と昼ごはんは同じ意味ですが、夜食とばんごはん（夕食）は意味がちがいます。

知っているかな

年賀状は「明けましておめでとうございます」などと書きますが、暑中見まいは、「暑中お見まい申しあげます」と書きはじめます。暑いけれどお元気ですかと相手を気づかう意味です。立秋（8月8日ごろ）をすぎたら、まだ暑くても、こよみのうえでは秋なので、「残暑見まい」としてはがきを送ります。

答え 39問

「立つ鳥あとをにごさず」の反対の意味のことわざに「旅のはじはかきすて」があります。

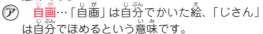

- あ **立つ鳥**…「立つ」は、ここでは旅立つという意味です。
- い **自転車**…「じてんしゃ」で、中に天使がいます。
- う **電光石火**…「電光」はいな光、「石火」は、火打ち石からとぶ火花のことです。
- え **一部始終**…「十中八九」は、10のうちの8か9で、ほとんどという意味です。
- ア **自画**…「自画」は自分でかいた絵、「じさん」は自分でほめるという意味です。
- イ **急転**…「急」の字の「ヨ」の真ん中の横ぼうを右につき出さないように書きましょう。
- ウ **始発電車**…反対の意味のことばは「最終電車」で、「終電」とちぢめていうこともあります。
- エ **一石二鳥**…1つのことで2つのよいことがあるという意味です。

答え 40問

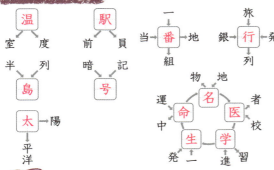

「列島」は、列になってならんでいる島々のことです。わたしたちがくらす日本も、そのような形をしているので、「日本列島」とよばれます。地図で見て、形をかくにんしてみましょう。

温…右下の部分は「血」ではありません。
駅…左がわは、「馬」をやや細く書きます。
島…「半島」は、海につき出た陸地のことです。
号…「ヶ」は1画です。
太…「ヽ」をわすれずに書きましょう。
番…形に気をつけましょう。
行…「行列」の場合、「行」は「ぎょう」と読みます。
(いちばん上から)**名・医・学・生・命**…「一生」と「発生」の「生」の読み方に気をつけましょう。

知っているかな

始発電車は大きな都市では午前4時台に出発しています。また、最終電車は、午前1時台というおそいものもあります。今の日本では、大みそかなどとくべつなとき以外に24時間運転をしている電車はありません。もし、一日中電車が動いていたら、「始発電車」や「最終電車」ということばはなくなってしまいます。

答え 41問

```
    屋       転
地 上 波 放  送
    緑   り
ア 消 化 ウ 投  手
イ し       げ
  去 年    る
  る
```

「放り投げる」の読み方は「ほうりなげる」。「ほおりなげる」はまちがいなので、気をつけましょう。

- **あ** 転送…「送」は、5画目を横ぼうの下から書きます。上につき出さないようにしましょう。
- **い** 放り投げる…と中でやめてそのままにするという意味でも使います。
- **う** 屋上緑化…屋上に緑を植えると、夏の日差しをふせぐなどたくさんのよいことがあります。「緑化」は「りょくか」とも読みます。
- **え** 消し去る…すっかり消してしまうことです。
- **ア** 地上波放送…衛星を使った放送（BSやCS）と区別して、地上のアンテナから送信される放送のことをいいます。
- **イ** 消化…同じ読み方の「消火」とまちがえないようにしましょう。
- **ウ** 投手…「投」の部首は「扌（てへん）」で、「手」に関係がある漢字についています。
- **エ** 去年…前の年のことです。「昨年」ともいいます。

答え 42問

```
ア 大 工
      場
イ 一 長 一 短
  方       所
ウ 交 通 安 全
  行     力
  エ 意 気 投 合
          球
```

かなづちやのこぎりを使う仕事には他に、家具職人など、おもに木を使う仕事があります。

- **あ** 短所…せいかくなどの悪いところのことです。
- **い** 全力投球…せいいっぱいやるという意味でも使います。
- **う** 工場長…「長」がつくとそこのリーダーという意味になります。
- **え** 一方通行…矢印の方向にしか進んではいけないというしるしです。

駐車禁止

- **ア** 大工…家をたてたり直したりする仕事をします。
- **イ** 一長一短…「長」は「長所」、「短」は「短所」。
- **ウ** 交通安全…みんなが交通のルールを守って、事故が起きないようにすることです。
- **エ** 意気投合…「意気」を「息」とまちがえないようにしましょう。

知っているかな

自転車は車の一種なので、本当は車道を通らなくてはいけません。しかし、13才になるまでは歩道を通ってもよいとされています。とはいえ、歩道は歩く人のための道です。歩いている人を見かけたら、スピードを落としたり、止まって道をゆずったりして、安全に気をつけて乗りましょう。

答え 43問

頭	歯	手首	血		血
明	大	小	昭	平	小
神	反	身	真	進	反
湯	軽	筆	帳	童	着	帳
校	局	船	館	屋	院	屋

① 門 聞 間 開
② 品 号 味 和
③ 意 暗 昔 暑
④ 番 福 画 申
⑤ 宿 定 宮 究

聞 味 意 福 究

さんずいがつくもの
胡 肖 酉

きへんがつくもの
羊 直 反

どちらもつくもの
主

「主」は、じっととどまる様子からできた漢字です。「氵」をつけると「注」、「木」をつけると「柱」、「イ」をつけると「住」という字になります。

- 血…「血」は、体の部分ではありません。
- 小…「明治」「大正」「昭和」「平成」です。
- 反…「はん」と読みます。
- 帳…「帳」は11画です。
- 屋…他は「長」につながります。
- 聞…部首は「耳」で、他は「門」です。
- 味…部首は「口」で、他は「口」です。
- 意…部首は「心」で、他は「日」です。
- 福…部首は「ネ」で、他は「田」です。
- 究…部首は「穴」で、他は「宀」です。
- 胡・肖・酉…「湖」・「消」・「酒」という漢字になります。
- 羊・直・反…「様」・「植」・「板」という漢字になります。
- 主…さんずいをつけると「注」、きへんをつけると「柱」という漢字になります。

答え 44問

```
        あ
     ア 登
   屋内練習場
     根 人
     う イ 手荷物
     ら   を  身
     部 ウ 打  長
     屋   ち
         つ
       エ 柱時計
```

「それゆけ！アンパンマン」は、もっとも登場キャラクターが多いアニメとしてギネスに登録されています。

- あ 登場人物…「登」の上の部分を書くときは書きじゅんに注意しましょう。「ノ→ク→グ→癶→癶」のじゅんに書きます。
- い 身長計…「身長」はせの高さのことです。
- う 手を打つ…相談をまとめるという意味や、じゅんびをしておくという意味もあります。
- え 屋根うら部屋…暗くてせまい場合が多いので、物置などに利用されます。つらい立場の主人公が住む場所としてよく物語に出てきます。
- ア 屋内練習場…「屋」は家や建物を表します。
- イ 手荷物…手で持っていく荷物のことです。
- ウ 打ち身…強く打ったときに体の内がわにできるきずのことで、「あざ」と同じ意味です。「切り身」は、魚などを切った一切れのことです。
- エ 柱時計…柱にかける時計のことです。

知っているかな

時計の長いはりが12を指すと鳥が鳴く時計を「はと時計」といいますね。これは日本だけの言い方で、他の国では「かっこう時計」とよばれています。日本では「かっこう」はお客さんが来ないという悪いイメージがあったため、「はと時計」という名前にしたのだそうです。

121

答え 45問

- あ **九死に一生**…「九死」とよくにた意味のことばに「絶体絶命」や「きき一髪」があります。
- い **四苦八苦**…「むずかしい宿題に四苦八苦する」などと使います。
- う **三者**…「三者」は三人の人という意味です。
- え **十人**…「といろ」は「十色」と書き、それぞれ様子がちがうことです。
- ア **三寒四温**…日本では、冬に寒い日が3日、あたたかい日が4日つづくことが多いことからできたことばです。
- イ **十中八九**…「兄の勝利は十中八九まちがいないだろう」などと使います。
- ウ **美人**…「八方」はすべての方向という意味です。「八方美人」は「美人」ということばがついていますが、よい意味ではありません。
- エ **起死回生**…「起死回生のホームラン」などと使います。

「日進月歩」は、ものごとがどんどん進化していくという意味です。おもに科学やぎじゅつについていいます。

答え 46・47問

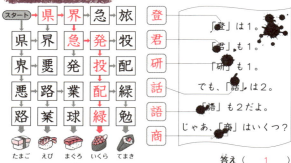

答え（ いくら ）

次の漢字なぞなぞに、漢字1字で答えよう！
①「10月10日」は、1日のうちのいつ？
②「木の上に立って見る人」は、だれ？
（答え：①朝 ②親）

いくら…
県・界・急・発・投・配・緑のじゅんに進みます。まちがっている部分はどこか、考えながら進みましょう。

答え：1…なぞなぞに出てくる「1」と「2」が何の数かを考えます。これは、その漢字の「口」の数ですね。「商」には「口」は1つです。

登・君・研・話・語・商…「研」の右がわや「語」の右上にも「口」のように見える部分がありますが、これはちがいます。

知っているかな

「三者三様」、「十人十色」のように同じ漢数字が二つ入った四字熟語がいくつかあります。「一長一短」「一進一退」「百発百中」などです。また、「三寒四温」のように、ならんだ漢数字が入った四字熟語には、「一石二鳥」「二束三文」「朝三暮四」「七転八倒」などがあります。他にもないか調べてみましょう。

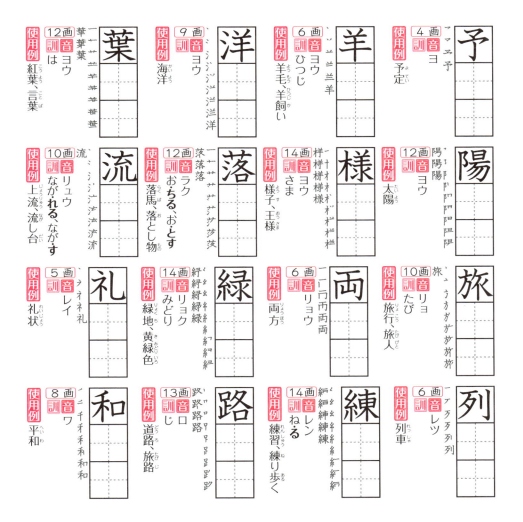

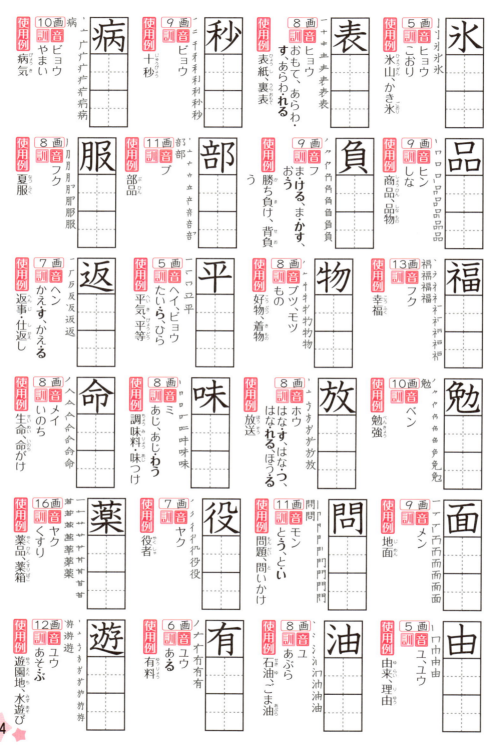

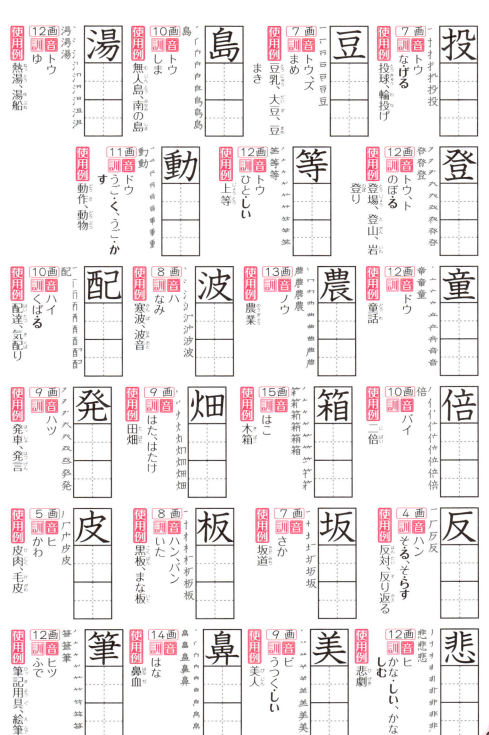

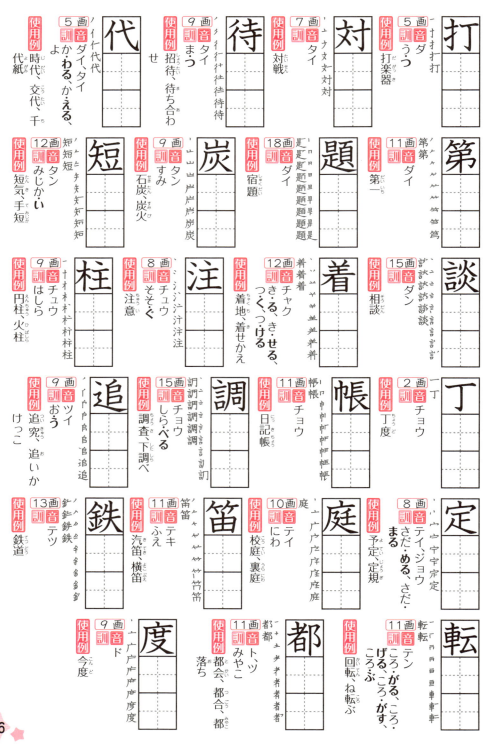

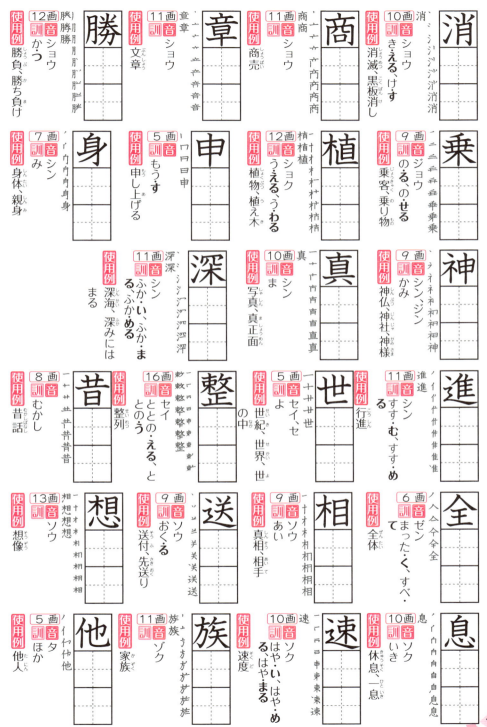

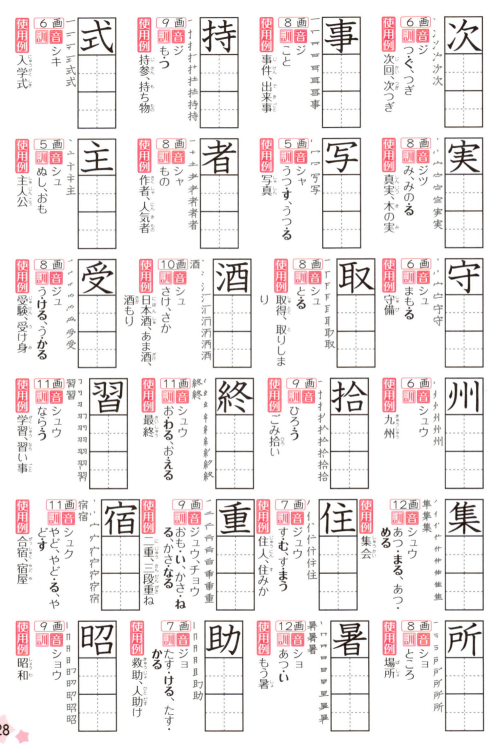

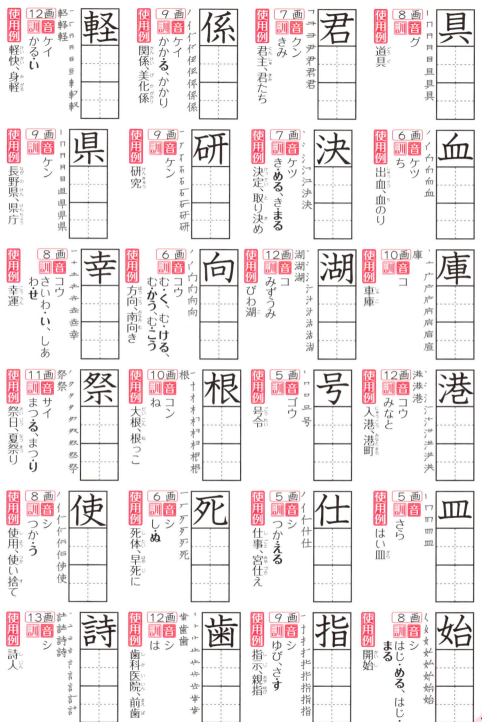

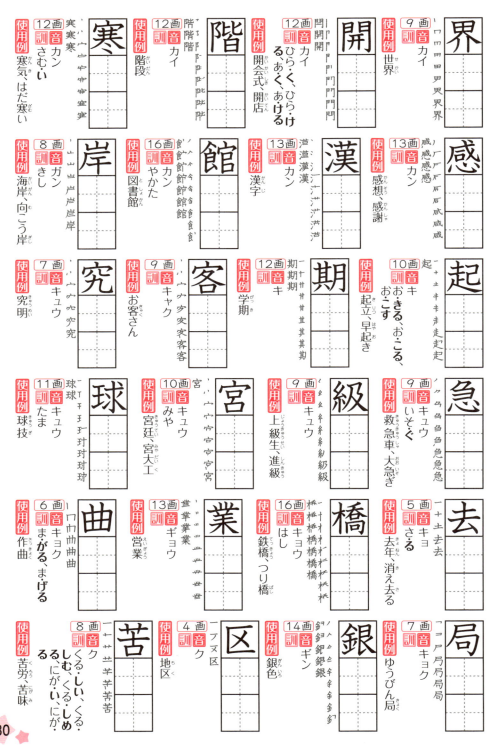

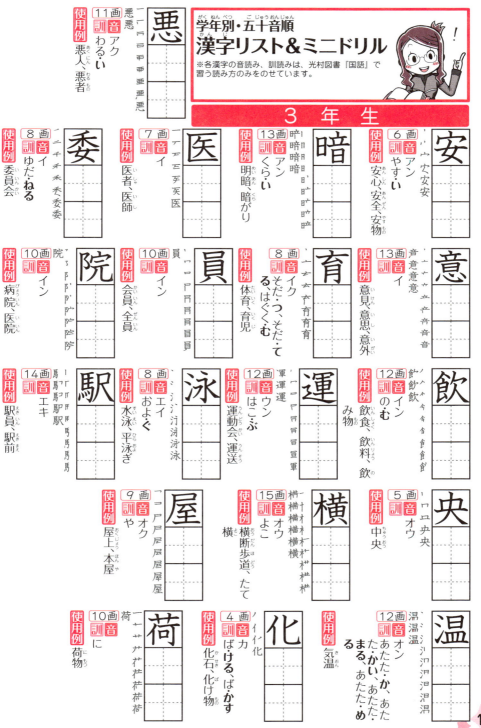

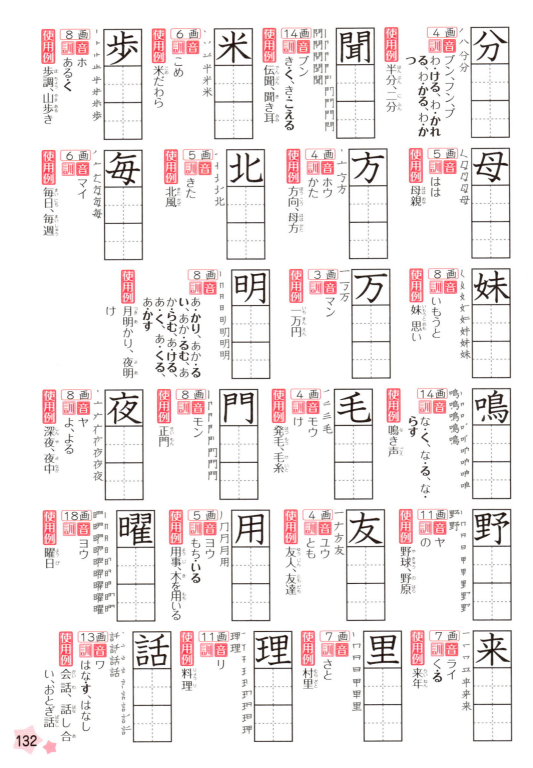

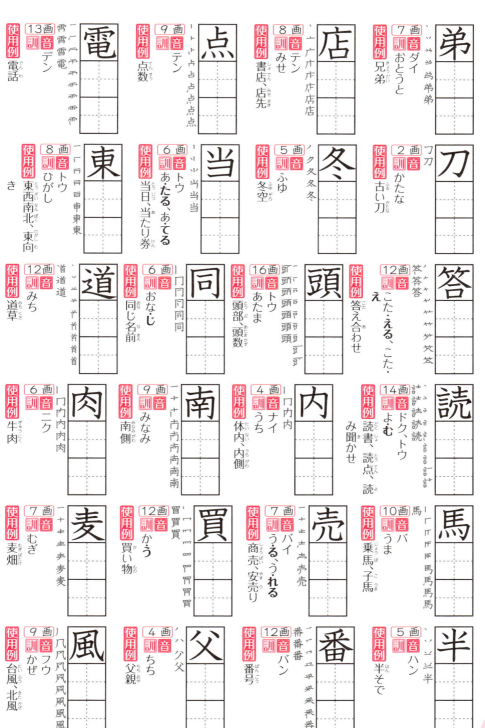

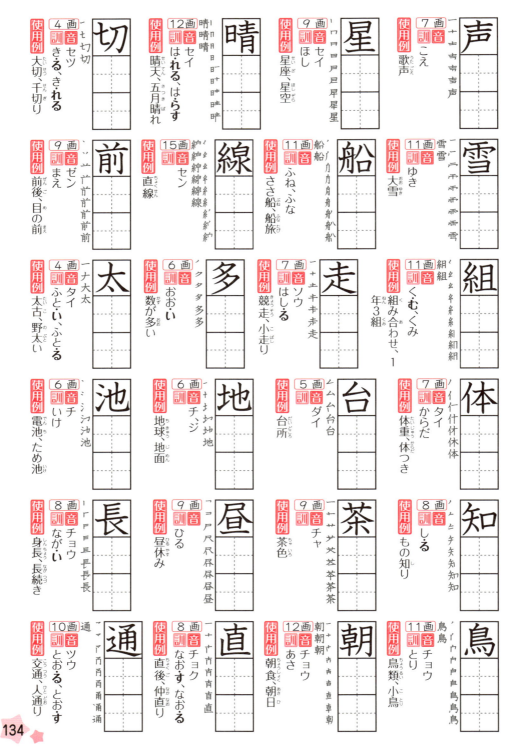

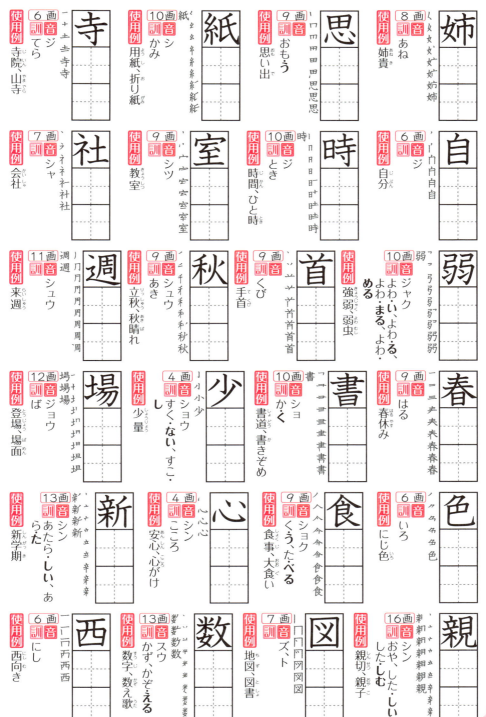

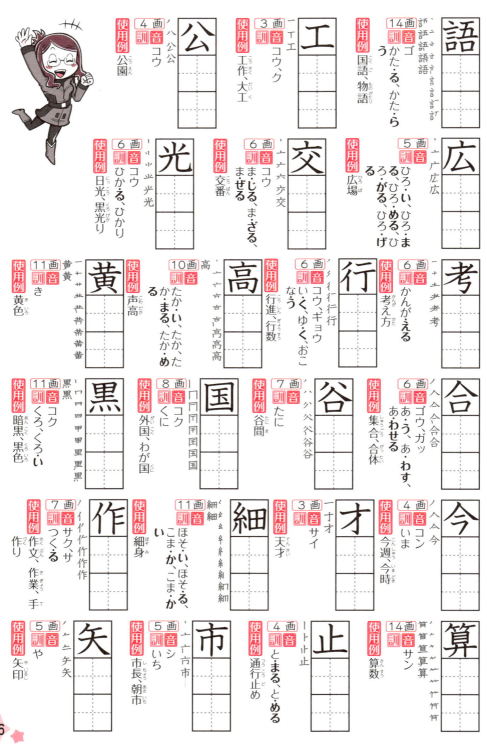

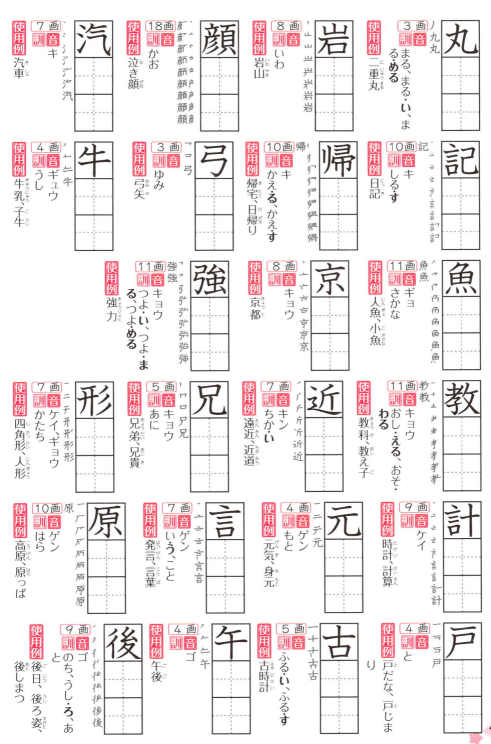

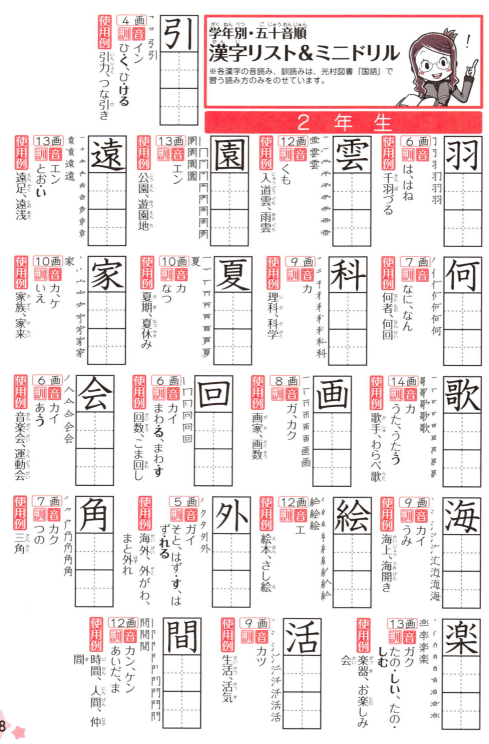

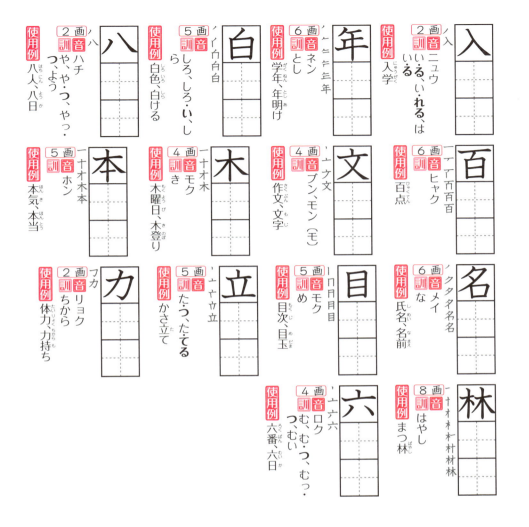

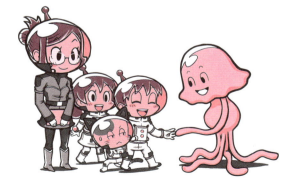

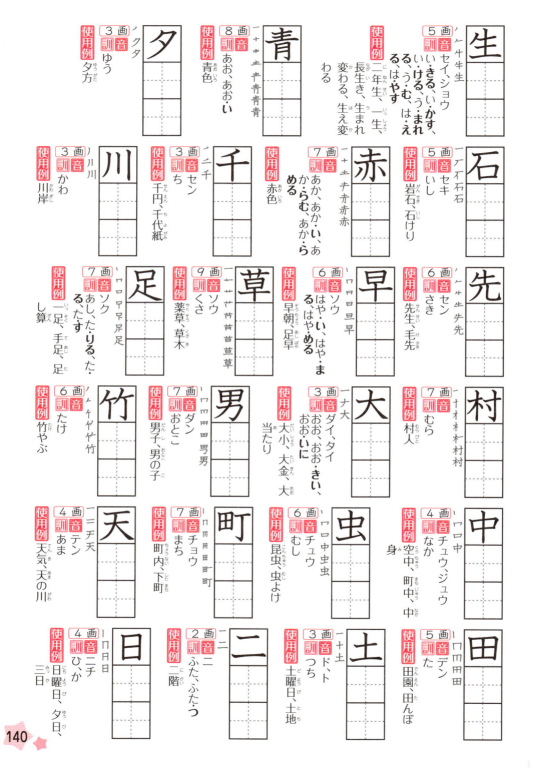

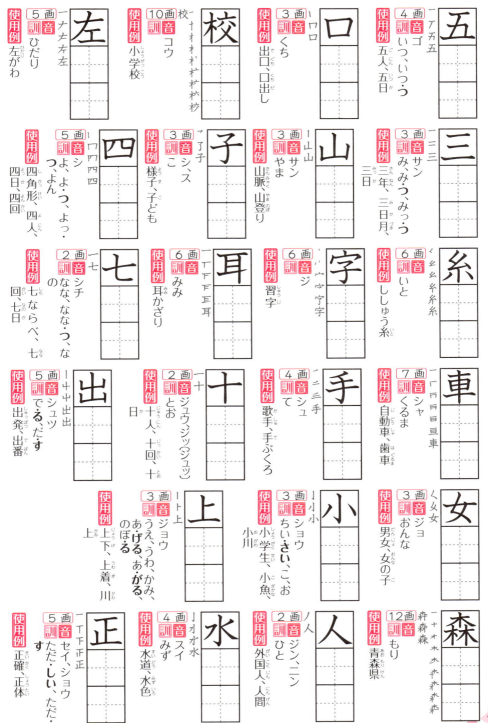

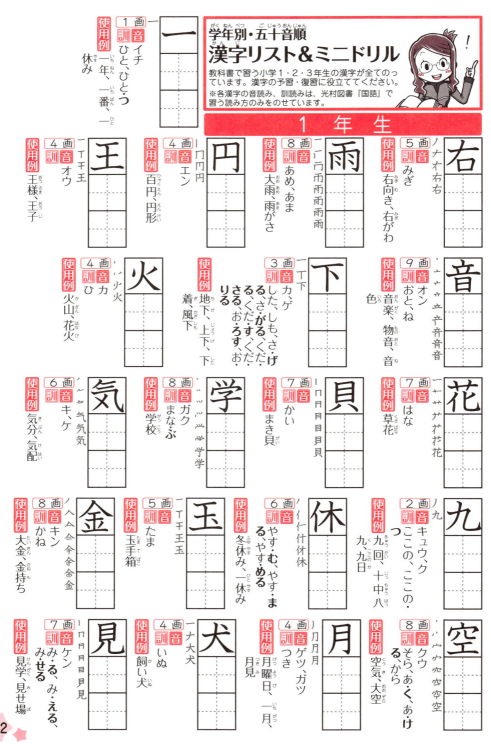

★おまけチャレンジ★

●おかしな漢字を見つけよう！　ぬりつぶすと、表の中に漢字がでてくるよ。□に書きこんで文を読もう！

去	題	感	有	昼	級	放	礼	荷
後	住	泳	氷	緑	具	対	借	駅
貝	根	式	待	船	漢	両	期	湖
育	服	病	丁	茶	受	即	取	遊
代	向	字	都	皮	央	流	練	拾
問	金	羊	使	飲	族	由	他	整
春	係	鉄	海	員	乗	岸	麦	登
港	次	仕	委	庭	県	主	祭	悲
予	勝	風	曲	番	答	波	首	様
決	炭	秒	区	豆	事	洋	打	医

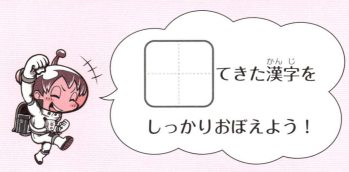

てきた漢字をしっかりおぼえよう！

143

[監修者]

青山由紀（あおやま・ゆき）

東京都生まれ。筑波大学大学院修士課程修了。東京都の私立聖心女子学院初等科教諭を経て、筑波大学附属小学校教諭。全国国語授業研究会常任理事。使える授業ベーシック研究会常任理事。光村図書教科書編集委員。

執筆協力	鈴木 啓
イラスト	キャッツイヤー（いちかわしょうご）・まつもとゆき
イラスト協力	まつもとゆき・よしのぶもとこ
デザイン	鈴木大輔・江崎輝海（ソウルデザイン）
編集協力	エディット（時原芽生）
校正	くすのき舎
DTP	センターメディア

たくさん書けて楽しく学べる！
小学1・2・3年生の
漢字クロスワード＆パズル

監修者	青山由紀
発行者	永岡純一
発行所	株式会社永岡書店
	〒176-8518　東京都練馬区豊玉上 1-7-14
	代表　03（3992）5155
	編集　03（3992）7191
印刷	ダイオープリンティング
製本	ヤマナカ製本

ISBN978-4-522-43481-9 C2080
落丁本・乱丁本はお取り替えいたします。
本書の無断複写・複製・転載・翻訳を禁じます。②